MANFRED WOLLINGER

Der Kolibri-Plan

WEGE AUS DER ANGST, WEGE IN DIE GELASSENHEIT

EIN WEGBEGLEITER

BAND 5 DER KOLIBRI - REIHE

Covergestaltung / Satz / Layout:
Clarissa van Amseln

(E.Mail: amsel@q-nst.de)

Impressum

Bibliografische Information der
Deutschen Nationalbibliothek:
Die Deutsche Nationalbibliothek verzeichnet diese
Publikation in der Deutschen Nationalbibliografie;
detaillierte bibliografische Daten sind im Internet
über dnb.dnb.de abrufbar.

© 2021 Manfred Wollinger

Herstellung und Verlag:
BoD – Books on Demand, Norderstedt

ISBN: 9783753498089

Inhaltsverzeichnis

Ein Kolibri-Wort 6
Fragen an das Leben 9
Vorbemerkungen 10

KAPITEL I

Welche Ängste gibt es? 14

KAPITEL II

Erkennen und Lösen von Ängsten 47

KAPITEL III

Übungen zur emotionalen Balance 54

Zum Autor 132
Bücher des Autors 134

Ein Kolibri-Wort

Die Reise des Kolibri geht weiter. In diesem Band versuchen wir, die Kraft und die Auswirkungen gewohnter Denkmodelle und Überzeugungen zu erkennen und aufzulösen, die zu unseren Ängsten geführt haben. Es gilt, unsere Erlebnisse in ihrem Entstehen und in ihrer Wirkung zu erkennen und dann in der eigenen Verantwortung und Souveränität neu zu bewerten und in Frieden zu bringen, in ein Verständnis vom Leben in einer allem übergeordneten Sinnhaftigkeit einzubinden.

Jeder Anteil unseres Erlebens hat seinen Platz; wir sollten versuchen, einem jeden Teil den ihm angemessenen Platz zuzuordnen und ein Gesamtverständnis zu gewinnen, in dem wir aus den traditionellen Vorstellungen von einem Entweder-Oder-Prinzip in ein Weltbild des Sowohl-Als-Auch zu gelangen.
Dann ist schon viel Angst überwunden.

Ängste entstehen aus einer Vielfalt von Möglichkeiten, Ereignisse im Unbewussten zu verwechseln. Ängste anzuschauen und sie zu verstehen, ist oft wichtig; sie einfach aber erst einmal auf einfache Weise „in Schach" zuhalten, noch viel wichtiger, um sie dann, sozusagen aus einer Beobachterperspektive, zu bearbeiten, das heißt: ihre Bedrohlichkeit in eine neutrale oder gar konstruktive Kraft zu wandeln.

Integration heißt das Zauberwort. Das erfordert den Mut, alle bisherigen Konzepte zu überdenken und neue Erkenntnisse und Entwicklungen zu *betrachten*, und dies, soweit möglich, bewertungsfrei und freundlich.

Dabei gilt es auch herauszufinden, was für ein Individuum aus wirklich ganzheitlicher – spiritueller, seelischer, geistiger und körperlicher Perspektive – sinnhaft, freudvoll, angemessen und nützlich ist und welche Ängste dabei vielleicht sogar helfen können. In diesem Kontext gilt es, jene *Einstimmigkeit* zu finden, die ein Leben in Über-Einstimmung erlaubt; Einstimmigkeit zu finden ist unsere ursprüngliche Sehnsucht, die Methoden und Wege dazu sind zahlreich und Ängste stehen dabei erst mal gefühlt im Wege.

Viele Ängste entstehen aus einer Situation, mit der wir nicht umgehen konnten. Wir lernen in diesem Buch, sie eher zu verstehen und anders mit ihnen umzugehen, sie also anders zu bewerten.

Die *Reise in ein Weltbild der Anerkennung* (von allem, was ist) *und in* (begründete) *Zuversicht* grenzt dabei keinen Aspekt aus; entscheidend ist, was dem Menschen hilft, in seinen Frieden und in seine Gesundheit zu gelangen, jenseits gewohnter Polaritäten, in denen wir Täter-, Opfer- und Rettermodelle pflegen und uns in dem gewohnten Kampf ums Rechthaben das Leben schwermachen.
In dem alten Täter-, Opfer-, Rettermodell sind wir immer in allen drei Rollen gleichzeitig, denn wir wollen Tun, Wirksam werden, mit dem, was uns geprägt hat; wir wollen aber

auch Opfer sein, weil oft die Kraft nicht reicht, eindeutig und unzweifelhaft das Richtige zu tun, was uns am meisten nutzt; zudem wollen wir gerne gebraucht werden und sorgen oft dafür, dass wir gebraucht werden, eben als Retter in der Not; es geht um Anerkennung, Dankbarkeit, Sinnhaftigkeit in dieser Welt, so wie sie uns erscheint, nicht so, wie sie hintergründig wirklich ist.

In Band II, Kapitel III der „Kolibri-Reihe" habe ich meine Gedanken zum Thema Angst schon einmal ausführlich behandelt. Hier mögen die wichtigsten Themen noch einmal neu geordnet zusammengefasst sein, alle wichtigen Details mag der Leser dem genannten Buch entnehmen. Zusätzlich zu den im Band II benannten Themen finden sich in diesem Buch eine ganze Reihe weiterer Werkzeuge, den eigenen Ängsten nicht nur bewusst zu werden und / oder ihnen zu entfliehen, sondern ihre Wirkung einfach aufzuheben.

Mag auch dieses Buch dabei eine Hilfe sein, unsere Fähigkeiten und in unseren Willen nach Stärke und Eigenverantwortung durch Bewusstsein, durch Bewusstheit der wirklichen Realitäten, zu stärken und die Verantwortung für unser Tun und Lassen lebbar zu machen. Die Wege zu eigenen Wahrheit und in die Stärke sind zahlreich, sie sind das Leben.

Fragen ans Leben

Die interessantesten Fragen der Menschheit lauten (immer noch)

1. *Woher kommen wir? Woher komme ich?*
2. *Welchen Weg gehen wir?*
   Welchen Weg gehe ich?
3. *Was ist meine Absicht? Was ist mein Auftrag?*
4. *Wozu bin ich überhaupt hier?*
5. *Wohin gehe ich?*
   In welchem Prozess bin ich integriert?
6. *Wer bin ich? Was macht mich aus?*
   Wo beginnt mein Ich?
7. *Wie lauten meine Ziele?*
   Wie finde ich meine Ziele?
   Wie finden meine Ziele mich?
   Stehen mir meine bewusste Ziele,
   mein Wollen, im Weg?
   Ist mein Weg doch schon mein Ziel?
8. *Wie finde ich meine Bestimmung?*
9. *Wie findet meine Bestimmung mich?*
10. *Gibt es eine Vision für mich?*
11. *Habe ich eine höhere Mission?*

Vorbemerkungen

Die Beantwortung der Fragen können uns Halt schenken. Sie stärken unsere Gewissheit, dass es gut ist, dass es uns überhaupt gibt. Dies fördert die Dankbarkeit für unser Sein.

Zur genaueren Beleuchtung dieser Fragen spannen wir mal einen weiteren Bogen, der uns durch die Biologie und unser Universum führt:

Elektromagnetische Phänomene verdichten zu Atomen und Molekülen. Alles schwingt miteinander nach einem großen unbekannten Plan, der gleichzeitig aus seinen Details heraus entsteht. In diesem gemeinsamen Aufbau und in den gleichen Gesetzmäßigkeiten, nach denen alles miteinander verbunden ist, liegt das Geheimnis der Geborgenheit des Menschen in seiner natürlichen kosmischen Umgebung.

Alle Details bewegen sich nur und immer innerhalb ihrer Möglichkeiten, die ihnen typisch und zu eigen sind. Alle Teilchen, aus denen dieses Universum besteht, alle natürlichen 86 Elemente, alle subatomaren Teilchen und Quarks behalten stets ihre typischen Merkmale, keines käme auf die Idee, seine Identität und sein Verhalten zu verraten. Wer sich an die strengen, aber sicheren Vorgaben des Universums hält und sich in den Verhaltensmustern der Natur bewegt, bleibt im Paradies.
Dies ist die Orientierung an einer natürlichen, kosmischen Disziplin, die es bewusst zu leben und im Alltag umzusetzen gilt.

Die anderen steigen aus, freuen sich über eine besondere Kreativität - und haben Angst. Teilchen und Wellen können nur nach den Gesetzen der inneren Stimmigkeit verlässliche gemeinsame Funktionen aufbauen: Atome und Moleküle können nur nach den Gesetzen der Biologie, also auch der Physik und der Chemie miteinander *harmonisch* funktionieren, sie kämen nie von selbst auf die Idee für Veränderungen, ein Sauerstoffatom wird immer eines bleiben und sich immer so benehmen. Das nenne ich Authentizität. Unsere Gedanken folgen diesen Gesetzen bedingungslos. Die Physik der *feinsten Teilchen und Wellen* lenkt dabei sanft und nachhaltig das Verhalten anderer Funktionseinheiten: der feine Reiz aktiviert, ein stärkerer Reiz lähmt, ein starker Reiz blockiert. Sinnvolle, an einem Plan der Natur orientierte Steuerungsfunktionen entfalten sich durch die Feinheit der Impulse, nicht durch ihre Ausdrucksstärke.

Je feiner der Reiz, desto größer das energetische Wirkungsfeld bzw. desto nachhaltiger ist die Wirkung. Bewusste Achtsamkeit und Sanftmut sind wichtige Kriterien für eine sinnvolle Steuerung. Der feine Reiz ist nicht schwach, sondern fein. Er ordnet das System und aktiviert es achtsam.
Viele *aufeinander abgestimmte* Reize sind aufgrund ihrer inneren Stimmigkeit nicht gefährlich, sondern ordnend.

Angst ist die biologische Folge aus der Unkenntnis und die Missachtung der Bio-Logik, sei es aus Dummheit, aus Arroganz, aus Trotz, aus Machthunger, oder aus Angst und Verzweiflung.. Und oft und immer wieder aus einer komplexen Mischung, in immer wieder Urängste erkennbar sind.

Die Kette scheint kaum auflösbar zu sein, und doch gelingen immer wieder kleine und wertvolle Schritte. Unser Bewusstsein hat vergessen, was uns im Inneren zusammenhält und führt. Führungsintelligenz, auch die Kompetenz der Selbstführung, braucht ein Bewusstsein für all unsere Fähigkeiten und Möglichkeiten und wie wir die eigenen Fähigkeiten sinn- = freudvoll nutzen können; dann kann jedes Teilchen und jeder Partner im großen Ganzen seinen eigenen Platz und seinen Beitrag zum Ganzen erkennen, würdigen, leben.

Wissen ist Macht, Macht zur Selbststeuerung. Geordnetes Wissen vermag unser Leben zu ordnen, die Menge alleine macht es nicht. Wir müssen wissen, wie wir das Wissen sanft und mutig (sanftmütig) verwenden, um zu Gelassenheit, Frieden und Gesundheit zu gelangen. Wir müssen *fühlen*, ob das angebotene Wissen mit unserer inneren Stimme stimmig ist oder nicht. Dann lernen wir, in uns authentisch zu werden und so zu leben. Wie ein Sauerstoffatom.

Drei Impulse lenken uns in der Polarität unseres Lebens:

1. *Angst*

2. *Sehnsucht nach Liebe* (Freiheit) von jeglicher Angst, Bindungen in vollkommener freiwilliger Selbstbestimmung im vollen Bewusstsein all dessen, was uns wirklich ausmacht, was alles in uns wirksam ist

3. *Freude*

Im folgenden Kapitel klären wir, welche Ängste es gibt und wie man diesen begegnen kann, um den Weg in Richtung Liebe und Freude freischalten zu können.

KAPITEL I

Welche Ängste gibt es?

1. Angst vor dem Leben, vor dem Untergang, vor dem Tod

Ein großer Teil unserer natürlichen Ängste entsteht, wenn wir unsere ursprüngliche, unsere angeborene Leichtigkeit verlassen (müssen). Das Universum ist im Bewusstsein eines jeden Ungeborenen und somit der Maßstab für alles, was zu diesem entstehenden Lebewesen gehört. Dann werden wir unmittelbar und fast ohne Ausweichmöglichkeit die Erfahrung von Grenzverletzungen, von Integritätsverletzungen auf der Körperebene machen.

Von nun an haben wir Angst, unsere Integrität zu verlieren. Verlustängste begleiten uns fortan, bis wir mithilfe unseres Geistes wieder das Vertrauen bekommen haben, wieder fest und unumstößlich an die eigene geistige Integrität zu glauben.

Die Erfahrung körperlicher Verletzung vermittelt ein spezielles Verständnis der Lebewesen untereinander, nämlich das des Leidens und somit wird Mitleid zu einer Art Zahlungsmittel der unbewussten Aufmerksamkeit. „Gibst Du mir Deine Aufmerksamkeit, schenke ich Dir mein Verständnis für Dein Leiden, denn davon habe ich aus eigener Erfahrung ja schließlich genug..."

Das Ergebnis ist eine Leidenskultur, in der alle Menschen das Mitleid für sich und andere – man beachte die Reihenfolge – für selbstverständlich halten, und so wird es auch gelebt. In einer Kultur, die ihr Hobby zur Passion macht, muss sich nicht wundern, wenn alle irgendwann Kreuzschmerzen haben, eines der wichtigsten Artikulationsformen für unsere Ängste.

Auf der Körperebene wiederholt sich nun das ganze Muster immer wieder, in allen erdenklichen Variationen. Wir machen eine entscheidende Erfahrung in dem Augenblick, in dem Eizelle und Spermium miteinander verschmelzen und der Vorgang der Verdichtung nicht mehr rückgängig gemacht werden kann, außer man stirbt bereits im Uterus.

Die nächste Erfahrung von Verletzung machen wir in der Durchwanderung des Geburtskanals und gleich anschließend, weil der Mensch ja nun in seine Freiheit drängt, bei der Trennung der Nabelschnur. Nun hat der Mensch den vollkommenen Schutz und die Optimalversorgung des Uterus verlassen und lernt das konkrete Gefühl kennen, vor einer unbekannten Aufgabe zu stehen, die er selbst meistern soll. Das Weltbild, auf das er sich eingelassen hat, kennt er nicht und somit ist er zunächst einmal orientierungslos.

Wie die Gefühle eines künstlich geschaffenen Menschen sind, ist eine spannende Frage ... Innerhalb der Schwangerschaft hat der werdende Mensch sich viele Gedanken gemacht und in vielerlei Weise emotional mit seiner neuen Welt Kontakt aufgenommen, aber nichts ist am Ende der Schwangerschaft so konkret wie die Geburt und das Erwachen aus dem süßen Schlaf ...

Vermutlich bereits im Zeitpunkt der Zeugung entstehen „Grundannahmen" und „Glaubensmuster", die durch zahlreiche energetische Einflüsse gestaltet werden: das Energiefeld, die spätere Gestalt und das Bewusstsein des neuen Menschen werden aus einer kosmischen, energetischen Matrix heraus geprägt, die sehr viel mehr Information anbietet als wir uns vorstellen können.

Die unbewussten Konzepte sind, es die uns zu schaffen machen und die wir uns im Laufe der Menschwerdung mit unserer eigenen wunderbaren Kreativität gestalten ... Diese Vorgänge bleiben auch unbewusst, wenn keiner nach ihnen fragt. Dies war über Jahrtausende auch kaum möglich bzw. nur einigen wenigen Magiern vorbehalten, heute können wir diese Zusammenhänge ein wenig besser verstehen.

2. Angst, nicht willkommen zu sein

Die Angst des Kindes vor seinem Weg in der Welt ist immer auch verbunden mit der bangen Frage: Werde ich in der Familie, die ich mir ausgesucht habe, die für mich vorgesehen ist, oder einfach, in die ich zufällig hineingerate, willkommen geheißen werden - will man mich dort überhaupt haben? Nach den Allgemeinen Geschäftsbedingungen der Biologie gibt es diese Frage nicht, denn alles und wir alle sind Teil einer Weltgemeinschaft, in der wir energetisch absolut mit einander vernetzt sind. Doch bereits ´im Feld´ befinden sich, wie vielfach aufgezeigt, zahlreiche Bedingungen, die an der absoluten Gelassenheit und dem Urvertrauen des Kindes nagen und es zweifeln lassen. Der Wissenschaft zufolge ist diese Entwicklung Teil des Programms auf String-Ebene.

Doch auch der ´freie´ Wille eines Kindes, *wie es welches Ereignis bewerten wird*, wird respektiert. Welche Anteile des Seele-Geist-Körper-Modells dabei beteiligt sind, braucht uns hier nur wenig zu interessieren. Das Kind, das auf die Welt kommt, hat dieses *EineWeltBewusstsein* noch. Es ist in seinem „Unbewussten und Vorbewusstsein" überall und immer zuhause und braucht sich demzufolge keinerlei „Überlegungen" machen, warum dies auf der Erde denn anders sein sollte. Spätestens in jenem Augenblick der Verdichtung, in dem die eigene Körperlichkeit und somit Begrenztheit gespürt wird, als ein mehr oder minder hilfloses ´Etwas´ in einer Höhle (Gebärmutter), entstehen ´Erfahrungen´, das den physikalischen Gesetzmäßigkeiten der Polarität und auch den körperlichen Bedingungen der Köper- und Stoffwechselgesetzen dieser irdischen Umgebung folgt. Und mit einem „Vorbewusstsein der Polarität", von Freiheit und Abhängigkeit, verbunden ist.

Nach der Zeugung wird die irdische Mutter als absoluter Schutz angenommen und erfahren, mitsamt allen unbewussten energetischen Konstellationen, die Menschen in ihrer unbewussten Beziehung innerhalb ihres Systems Familie etc. hat.

Wir erinnern uns an dieser Stelle an eine ganze Reihe ganz wichtiger naturwissenschaftlicher und naturphilosophischer Voraussetzungen: Zeit betrachten wir in erster Linie als eine untrennbare Verbindung in einem RaumZeitBewusstsein, Zeit alleine gibt es nicht, unsere Wahrnehmung ist immer auch abhängig von unserem inneren wie äußeren Standpunkt, also von unserem Bewusstsein und unserem „Aufenthaltsort".

Alle Vorgänge innerhalb der Biologie sind eine Funktion dieses RaumZeitBewusstseins. Energien, die sich frei bewegen, haben keinen Standort, sie sind nur, wenn überhaupt, an einer Wirkung zu erkennen, die sie über die Matrix und die Biochemie eines Körpers irgendwo und irgendwie zeigen. Somit ist auch die Zeugung eines neuen Menschen eine Funktion unseres Unbewussten, das „Zeugnis ablegt" für die Entscheidung, einen Verdichtungsvorgang einzuleiten, der aus der Matrix heraus über die unbewusste Absicht, aus Liebe einem neuen Menschen Leben zu schenken, eben genau dieses tut: nämlich einem neuen Menschen das Leben auf der Erde zu schenken.

Die Entscheidung, auf diese Welt zu kommen, wird nicht alleine von den Eltern getroffen, sondern von einem biologischen System, das wir in seiner kompletten Struktur sicher nicht verstanden haben und kaum komplett werden verstehen können. Es scheint, dass es verboten sei, von diesem „Baum der Erkenntnis" zu essen. Es würde uns das Geheimnis des Lebens vielleicht lüften und im gleichen Augenblick allen Zauber wegnehmen, der unseren Bewusstseinsweg durchdringt. In jenem seltsamen Augenblick der körperlichen Vereinigung von Mann und Frau geschieht eine unbewusste, emotional erlebbare Öffnung aller Energiezentren eines Menschen und es kommt zur Verschmelzung energetischer Prozesse zwischen den beiden Menschen, aber auch in Bruchteilen einer Sekunde zwischen allen unbewussten Bezüglichkeiten in dem Familiensystem dieser beiden Menschen. Dies läuft völlig losgelöst von unserem Bewusstsein und vor allem von unseren planerischen Fähigkeiten ab.

Immer wieder stellen die Menschen die Frage: warum haben meine Eltern dies oder jedes getan bzw. unterlassen? Sie haben es nicht getan oder unterlassen – es hat sich so ereignet. Biologie folgt nicht unseren Planungen, die Schöpfung schöpft und dies in jeder Sekunde unseres Daseins in unendlicher Vielfalt.

Was unseren Eltern nicht bewusst war und ihnen nicht zu einer Entscheidung bewusst angedient war, konnten sie nicht entscheiden und haben sie auch nicht entschieden. Ihr Unbewusstes hat es entschieden.

In diesem Punkt können wir so etwas wie eine „Eigenverantwortung" eines neuen Menschen mit einbringen, denn wir haben immer noch die Vorstellung: Wer ist denn nun der „Verursacher" dieses ganzen Entstehungsprozesses? Sicher nicht nur die Eltern oder nur das Kind, sondern immer beide als Teil eines völlig unbewussten Netzwerks innerhalb der Matrix.

Noch leben wir mitten in dieser mechanistischen und linearen Denkweise, in der irgendeiner ja für irgendetwas verantwortlich sein müsse. Nein, das kann man auch anders sehen. Das System schöpft, der Mensch denkt ein bisschen, aber die Macht, die er seinen Gedanken zuordnet ist biologisch geringer als die Macht des Herzens, der Herzensenergie, der Liebe! Und die ist nicht oder doch sehr wenig planbar...
Mit diesem Zeugungsprozess, der in Bruchteilen einer Raum-Sekunde ablaufen kann, ist nun eine Entwicklung eingeleitet, die mit der Bildung von Atomen und Molekülen in einem

kontinuierlichen Austausch bleibt mit der ganzen unbewussten „Umgebung", alles wir dichter, konkreter, sichtbarer, greifbarer mit der Schwangerschaft. Ist die Entscheidung, diesen Prozess harmonisch und Ziel bewusst auszuführen, energetisch in unerwünschter Weise beeinflusst, kommt es oft zu einem nicht optimalen Verlauf des Verdichtungsprozesses: es entstehen Ängste, Zweifel, Sorgen und andere Emotionen, die die körperliche Entwicklung stören oder doch zumindest prägen.

Da Körperlichkeit, als Stoffliches, nichts anders ist als geprägte Energie, ist somit auch jeder so genannte „Körperschaden" das Ergebnis einer gestörten Harmonie der Entwicklung. Im Rahmen unserer Betrachtungen zu Frieden und Gesundheit und der angemessenen Behandlungen von Erkrankungen im medizinischen Bereich kommen wir zwingend auf dieses Thema wieder zurück und binden alles mit ein, was heute noch unter Begriffen wie „Geistiges Heilen" und „Reprogrammierung" weniger bekannt und kaum anerkannt ist. Mit geeigneten Methoden ließe sich bereits zu Beginn einer Schwangerschaft manche Disharmonie lösen, man muss nicht warten, bis größere Störungen entstanden sind. Emotionen der Eltern und der ganzen Umgebung fließen immer in die Schwangerschaft eines neuen Menschen ein.

Mit geeigneten Methoden können wir zu jedem Zeitpunkt einen Organismus energetisch „abfragen" lernen, welche Emotionen aus welchem Grund und zu welchem RaumZeitPunkt (durch welche Ereignisse) dies geschah und wie wir unser Bewusstsein erweitern können auf dem Weg aus unseren Missverständnissen heraus. Unser Weg aus der Angst ist vor allem ein weg aus unseren Missverständnissen. Und Missverständnisse gehören nun mal zu unserer Entwicklung dazu: es gibt keine Fehler, nur Erfahrung. Manchmal wird innerhalb der Schwangerschaft bereits der Zweifel gefühlt, der sich einerseits energetisch und körperlichhormonell über das Verhalten der Mutter bemerkbar machen kann, beispielsweise in einer starken Erhöhung der Grundanspannung mit Blutdruckerhöhung und Überfunktionen einzelner Organe, Erschöpfungszeichen, Ängste, Zweifel, übertriebene Vorsicht u. a.

3. Angst vor Ausgrenzung und Trennung

Sind wir endlich im Körper unserer Mutter angekommen, packt uns auch bald schon die Angst, aus der vollkommenen Geborgenheit in der Mutter herausfallen zu können. Die Entwicklung des kindlichen „Bewusstseins" lässt immer auch jede nur vorstellbare Balancierung emotionaler Einflüsse, aus welcher Ecke auch immer, stets zu. Aber oft sind es überraschende Einflüsse aus der ganzen Energetik eines Menschen inklusive baubiologischer, geomantischer, ernährungstechnischer oder geistiger Art, die die Emotionalität, die das Wesen eines Menschen mitprägen. Es sind nicht alleine die Gedanken oder das Verhalten der Eltern! Emotionen schaffen Realität (Wirkung).

Darunter zählen auch die Erwartungen der Beteiligten: Eltern, Kind, und die ganze personelle und unbewusste energetische (kollektive) Umgebung. Die Erwartungshaltung der

Mutter hat dabei vermutlich den geringsten Anteil. Geprägt werden vor allem auch die Erwartungen des kleinen Kindes, die ihm nicht bewusst sein können, die aber das Wesen dieses neuen Individuums auf ganz eigene Art und Weise prägen.

Das spätere Leben dient ihm als Spiegelsystem dazu, dass ihm diese innersten Zusammenhänge des Lebens bewusst werden können. Ohne solcherlei Spiegelsysteme, unserem berühmten „Außen", kann nach derzeitigen Vorstellungen keine Entwicklung und keine Bewusstseinserweiterung stattfinden.

Wichtig bei unserem Thema Ängste sind also die Vorstellungen, die unbewussten Erwartungshaltungen des Kindes, was die Mutter und die ganze Welt von ihm erwarten könnte!

Diese Frage veranlasst das Kind, das ja seine „realen" Möglichkeiten noch gar nicht kennt, zu allerlei spannenden Gedankenspielen und vor allem zu einem Sammelsurium von Spekulationen und fixen Ideen, die wir *Glaubensmuster* nennen und ihre ganz konkrete Auswirkung auf alle unsere Wahrnehmungssysteme und unbewussten Interpretationen. Diese Glaubensmuster prägen die Entwicklung dieses Kindes ein Leben lang, an diesen Glaubenssätzen orientiert sich das Kind unbewusst und außerordentlich konsequent in allen seinen Verhaltensstrategien.

Das Kind spekuliert also aus seinem reinen Gefühl (eigene Kreation des Kindes), was die Mutter und die Welt von ihm erwarten könnte und glaubt, es müsse sich entsprechend verhalten. Wobei ihm noch lange nicht klar ist, wie es sich verhalten sollte. Denn was die Mutter tatsächlich erwartet, steht auf einem ganz anderen Blatt, ist möglicherweise weitest gehend unwichtig; entscheidend scheint zu sein, was das Kind von sich und allem anderen erwartet.

Wir verhalten uns also zunächst einmal zumeist so, wie wir glauben, dass dies richtig sei und liegen mit mindestens 50%iger Wahrscheinlichkeit falsch im Sinne von Unangemessen. Wenn wir älter werden, lernen wir zu fragen. Bitte, wann und wie haben Sie das letzte Mal mit Ihrer Mutter über deren unbewusste Erwartungshaltungen gesprochen?

Haben Sie die erwünschte Gewissheit in ihrer Antwort erhalten? Vermutlich nicht oft, weil Wahrheit und die darauf aufbauende Gewissheit ein komplexes und oft gemiedenes Thema ist. Wer kennt sie?

In dieser Phase spielen auch unbewusste Erwartungshaltungen und Vorstellungen eine wichtige Rolle, die aus der Umgebung des Kindes energetisch und ganz still und leise an das Kind herangetragen werden. Beachten wir dabei bitte, dass Energetik eine unerschöpfliche kontinuierliche Kommunikation auf feinsten Impulsebenen bedeutet, hier gibt es weder Grenzen noch Zeit, alle diese vollkommen unbewussten Impulse sind in teilweise in einer späteren Wirkung erkennbar und manche Zusammenhänge können auf diesem Weg bewusstgemacht werden.

Da gibt es auch nichts zu löschen, sondern nur Verbindungen zu lösen. Insofern könnte man sagen, dass das Kind in einer *Informationssuppe* badet und alle Informationen in einer individuellen Zusammensetzung wirksam werden.

Das Thema Glaubensätze finden wir auch wieder in einem späteren Kapitel „Grundannahmen des Lebens". In meiner Ausbildung „Systematik Integrale Gesundheit (SIG)" finden sich viele Arbeitsblätter und Listen, auch zu diesem Thema; diese Vorbereitungen lernen wir im Rahmen von Fragetechniken zu nutzen, um einen tiefen Einblick in unseren Hintergrund der eigenen Grundannahmen zu erkennen. Dies ist hilfreich auf dem Weg, sich selbst zu erkennen und sich von alten Glaubensmustern und emotionalen Belastungen zu befreien.

Die Liebe der Mutter wird als erste Abhängigkeit erlebt, die es einerseits in einem langen späteren Entwicklungsprozess (Leben) aufzulösen gilt. Das Bewusstsein der ersten Trennung von der Mutter hinterlässt eine lebenslang prägende emotionale wie körperliche Narbe. Das ganze Leben wird nun von der Aufgabe dominiert, sich von der Mutter, überhaupt von den Eltern, innerlich schrittweise zu trennen ohne ihr bzw. ihnen und ohne sich selbst weh zu tun. Auch dies macht oft schon Angst, obgleich das Ziel angestrebt wird.

4. Angst, alleine gelassen zu werden

Diese Angst begleitet uns ganz deutlich im Alltag, solange

wir uns unsere Kompetenzen und Fähigkeiten nicht bewusst sind. Wir kennen dann noch nicht unsere Werkzeuge, mit denen wir aus vermeintlichen Abhängigkeiten und dem Gefühl der vollkommenen Abhängigkeit von einem strafenden System gelangen könnten.

In aller Regel mangelt es auch an eigenen Zielvorstellungen und an Visionen, die eine unbändige Kraft, eine magische Anziehungskraft entfalten können – wenn man Ziele und Visionen hat. Manchmal haben Menschen auch viele Ziele gleichzeitig, die sie nicht unter einen Hut bekommen können.

Und noch häufiger sind Menschen, die gar nicht wissen, dass sie eigene Ziele haben dürfen; sie leben die Vorgaben anderer mit beeindruckender Demut und Bescheidenheit und sind manchmal auf seltsame Art zufrieden. Sie leben im Einklang mit sich und andere fragen sich, wie diese Menschen so friedlich bleiben könnten. Solche Menschen haben sich mit ihrer vermeintlichen Aufgabe so identifiziert, dass sie bestimmte Vorgaben anderer gerne, freiwillig übernehmen und ihre ganze Tatkraft genau dort investieren, wie sie andere Menschen glücklich machen können. Nur so kann ich mir erklären, dass es Myriaden von Menschen gab, die ihrem Pharao und anderen Gottkönigen mit einer Arbeitsfähigkeit und Leidensfähigkeit gefolgt sind, die für uns heute nicht mehr vorstellbar ist. Östliche Länder leben uns dies aber durchaus noch teilweise vor.

Dies kann ein ideales Lebensmuster sein, wenn diese Menschen sich mit ihrem Schicksal wirklich einverstanden erklärt haben. Angst, jemanden anderen alleine lassen zu müssen, ist häufig und schlimm. Voraussetzung ist die Unkenntnis von der Eigenständigkeit der Seele und ihrer Kraft, sich ihr eigenes Schicksal selbst gestalten zu „wollen" und zu können.

5. Angst vor Bewertung, vor Fehlern, Versagen, Schuld, Bestrafung

Überlebenstriebe erwachen und der Mensch beginnt, „alleine zu wollen"; die Sehnsucht nach Unabhängigkeit wächst in dem gleichen Maße wie die Angst, sich zu weit vom geschätzten System Mutter / Eltern / Oma und Opa / Familie / Kindergarten ... zu entfernen. Nun spätestens entsteht der Wunsch, durch ein „Mehr" und ein „Besser" an Stärke, an Durchsetzungskraft zu gewinnen im Kampf um Aufmerksamkeit und Sicherheit im Außen. Im Innen geht es um Halt finden, zur Ruhe kommen, zur eigenen Kraft, zur Gelassenheit, zum Lebenssinn und zur Lebensfreude finden.

Das Bewusstsein, etwas falsch machen zu können, ist Teil unserer Polarität und wie wir einander diese vermitteln, weil wir alle in einem Bewusstsein von Richtig und Falsch leben. Das ist extrem fest in uns allen integriert.

Gemeint ist jedoch oft gar nicht ein „falsch", sondern ein „unpassend", das sich oft genug als „weniger passend" und in einer spezifischen Betrachtungsweise als „weniger angemessen" aberkannt wird, von ganz anderen Personen und aus einem anderen Blickwinkel immer auch als „gut, sinnvoll, positiv eingeordnet werden kann.

Und das kennen wir ja alle: aus unsrer eigenen und manchmal etwas eigenartigen (individuellen) und ganz persönlichen Beobachtung heraus erkennen wir das Verhalten eines Kindes als „völlig falsch", weil „unpassend" - das heißt aber nur, dass es scheinbar nicht zu unserer Planung passt, sonst nichts. Hinter unserer Planung steht ja auch oft genug die gute Absicht, das Kind vor Gefahr zu schützen und somit ist unsere Einstellung „richtig", denn das Bedürfnis des Überlebens ist das erste Basisbedürfnis überhaupt und wir haben die Verantwortung für unsere Schutzbefohlenen.

Irrtümlicherweise verhalten wir uns in vielen anderen Situationen auch so, obgleich überhaupt kein Überlebensschutz erreicht werden muss. Es sei denn, auf einer emotionalen Ebene, in der wir die Kinder vor Angriffen, Ausgrenzung, Bestrafung als nicht vor den Gefahren des Lebens, sondern vor den Menschen und ihren Feindbildern schützen wollen. Misstrauen, Verwechslungen, Einmischungen, Sorge und anderes führen also zumeist erst einmal dazu, dass wir selbst eine unangemessene Erwartungshaltung aufbauen, dann ein unangemessenes Verhalten und somit eine völlig schiefe Bewertung.

Die Absichten und die realen Handlungsmöglichkeiten des Kindes bzw. allgemein eines anderen bleiben dabei oft völlig auf der Strecke, werden selten oder nie wirklich diskutiert und energetisch aufgeräumt. Was bleibt, ist ein Schock, Ratlosigkeit, Ohnmacht, Verzweiflung und immer die Angst, bald wieder etwas falsch zu entscheiden, ohne zu wissen, wie dies zu vermeiden wäre. Dies ist eines der am meisten verbreiteten Lebensmuster in unseren Gesellschaften und führt neben einem schlechten Gewissen zu einer von Argwohn, Misstrauen, Angst besetzten Kommunikation zwischen uns allen.

6. Angst vor der eigenen Macht und vor Entscheidungen

Im diesem Verlauf unseres Wachstums entsteht ein Bewusstsein unserer eigenen Fähigkeiten und der Macht, insbesondere über andere. Zum einen wollen wir selbst aus unseren eigenen erkannten Ängsten, Abhängigkeiten und Ohnmachten heraus und in ein möglichst hohes Maß an Selbstbestimmungsfähigkeit und Souveränität gelangen; in einem Weltbild der Polarität, in einem Bewusstsein von „Entweder" und „oder" folgt dies unseren unbewussten Feindbildern: entweder ich habe macht über mich selbst, oder der andere hat M-Acht über mich. Dann immer noch besser: ich habe Macht über den anderen".

Dies bedeutet, wir strengen uns unsagbar an, Macht zu gewinnen, einmal über uns selbst und zum anderen ständig über andere, damit wir einen imaginären Feind „beherrschen" und alle seine „Stellvertreter" in unserem Leben, die sich genau so oder so ähnlich verhalten wie ursprüngliche Feindbilderfahrungen: Schwiegermütter eignen sich dazu scheinbar immer noch am häufigsten, Ehepartner und Verwandte, interessanterweise zumeist jene, die uns „am nächsten stehen", die oft einfach „viel zu dicht" an uns dran sind. Dann folgt ein kontinuierliches Machtgerangel in der Familie „entweder jetzt nur ich oder gar nicht.". Damit wir alle kompromissfähiger werden. Nicht selten versuchen wir, unserer Angst, unseren inneren Ohnmachtsgefühle durch besondere Anstrengungen „zu entfliehen". Das führt manchmal zu einer überdeutlichen Ausprägung eines ICH-Bewusstseins und zu einem Kampf gegen die Windmühlen der Welt... Aus Frust über solche misslungenen Anstrengungen, die biologisch kaum erfolgreich sein können, erfolgt meist ein Rückzug - phasenweise und in Teilen oder ganz.

Dann kommen die bekannten Schuldgefühle, ein Schmollen und ein Wiedermitmachen, das „Schwanzeinziehen-Abhauen-undsichvergrabenwollen" und Vermeidungs-Strategien mancherlei Art. Kommen wir nicht zu einem oft kaum definierbaren Erfolg, außer eben dem Gefühl, wenigstens für Augenblicke der Mächtigste in der Runde zu sein, legen wir Verweigerungsstrategien mit aktivem Widerstand und Trotzreaktionen an den Tag, wechselnd mit Phasen von passivem Widerstand und mit Verweigerung der Kommunikation.

Macht alles aber irgendwie nicht glücklich, friedlich und gesund. Unsere Spiegelsysteme liefern uns ein Bild von den zahlreichen unbewussten Fraktalen, mit dem wir im Innersten arbeiten. Das frisst Kraft. Das ist richtig anstrengend. Die gefühlte Aufforderung, etwas ganz Schlimmes unbedingt vermeiden zu wollen, oder dessen Wiederholung unterbinden zu müssen, führt zu der selbst gewählten Aufgabe, dieses „unbedingt (ohne weitere Bedingungen) ganz sicher und umgehend tun zu „müssen". Dies alles kann rasch zu einem Kontrollwahn führen, denn dieser emotionale Druck muss sich ausleben und er wird es tun, wie auch immer. Wir müssen unseren Zorn, unsere Wut, unsere Trauer und unsere Sorgen ausleben dürfen und können. Dies gilt es mit ganzer Eigenverantwortung so tun, dass niemand einen Schaden davonträgt. Das Ausleben unserer Emotionen bedarf dabei, so seltsam es klingt, einer bewussten und liebevollen Gestaltung. Der dranghafte und zwanghafte Wunsch (gefühlter Trieb, innerer Befehl,) etwas tun oder unterbinden zu müssen, führt zu einer ständigen Einmischung in das Energiefeld anderer, und dies stört die Integrität anderer.

Das Ziel, andere zu kontrollieren, wird nicht erreicht, weil man andere oft gegen sich aufbringt. Dies führt zu einer Verschärfung des Teufelskreises, bis die darin verflochtenen Energien zu einer energetischen Lösung gefunden haben: entweder gelangen wir zur Einsicht und ändern unsere Absicht und unsere Strategie oder wir führen den Prozess in seine körperliche Auflösung, die oft mit *Explosionen* verbunden sind, wir sprechen von *Yang-Exzessen*, in denen die ganze geballte Kraft eines nach vorwärts gerichteten Energieflusses nicht mehr aufgehalten oder gelenkt werden kann, sondern eher zu seiner Selbstauflösung führt (Schrei, Gewalt, Konfliktende durch Lachen, Entspannung oder Tod).

Die Ineffizienz unseres Tuns und Nichtlassenkönnens macht uns oft aber noch wütender - und treibt uns gelegentlich in kaum mehr kontrollierbare Entwicklungen bis zur völligen Verschiebung unserer eigenen Energetischen Ordnung:

es entstehen günstigstenfalls Verwirrungen, Vermutungen und Spekulationen, schlimmsten Falles Wahnsinn. In diesem Augenblick geben wir uns selbst die Erlaubnis, nur unserem Ziel zu folgen und den Frieden und die Gesundheit aller anderen bewusst auszuklammern. Wir entscheiden dann ggf. für unsere Bevorzugung und Egozentrik, klammern uns oft in dieser Entwicklung in unserer eigenen Verantwortung aus der übrigen Gemeinschaft aus. Mit dieser auf unsere Weise selbst gewählten Überforderung wählen wir selbst auch unser nicht Gelassen-Sein-Wollen. Wir dürfen uns die Erlaubnis geben, uns selbst schenken, die Dinge so regeln, dass wir sie verkraften und dass sie uns sogar glücklich machen können. Es gilt, den Kopf mit dem Herzen zu verbinden, damit eine liebens- = lebenswerte Gelassenheit zum Ziel führen kann, auch zum eigenen Ziel. Das ist nicht immer möglich, weil die Zusammenhänge oft zu komplex erscheinen bzw. sind und wir zu oft keine Gelegenheit haben, eine oft rasche Entwicklung mit dem erforderlichen eigenen Abstand zu sich selbst betrachten und beobachten zu können.

Es ist ein intensivstes Anliegen der Menschen, eine solche Bewusstseinsbegleitung durch die Kultur und die Politik und somit auch durch die Medien, durch die ganze Gesellschaft also, zu erhalten. Eine Kultur wie die unsere, lernt dazu, scheint es, gerade mal die Grundbedingungen. Die christliche Kultur im Westen der Welt hatte vermutlich eine andere Absicht. Sie will Menschen bevormunden, dogmatisch leiten und manipulieren, weniger im Sinne eines liebevollen Miteinanderreifens führen. Vielleicht waren unsere Kulturführer aber auch einfach nicht in der Lage, dummen Menschen ein

Geheimnis zu verraten, das diese noch gar nicht wissen wollten; die Masse Mensch braucht viel Energie und vielleicht noch mehr Erfahrung im Leiden, um selbst in Bewegung zu kommen, und solange die Menge Mensch noch Täter, Schuldige und Retter haben und ambesten alle aufhängen wollen, werden sich Religions- und Kulturführer abmühen.

In jedem Volk selbst muss ein Bewusstsein für echte Menschlichkeit heranreifen, die Vorgaben von Kultur Schaffenden alleine reicht wohl nicht. Die politischen Veränderungen der letzten Jahrzehnte haben es mir immer wieder signalisiert: Solange die Völker der Erde nicht in der Lage und bereit sind zu einer eigenen Friedensbewegung, tut sich auch gesamtpolitisch nur wenig. Politik ist keine eigenständige Größe außerhalb der Matrix: sie ist das Spiegelbild der Volksseele, ebenso wie die Medien und andere Lebensbereiche auch. Für die Auflösung unserer blockierenden Gefühle aus vielen fatalen Situationen vergangener Tage empfehlen sich Coaching, Familienstellen, die „Festhaltetherapie", vor allem aber Musik und Tanz und Meditation, denn letztere lösen unendlich viele alte Konflikte auf.

Es geht hier ums „Tun", ums „Selbermachen", um die „selbst gefundenen und aufgebauten Lösungen für Gottweißwas. Und dieses Tun setzt die Entscheidung zur Vergebung aller vorausgegangenen Missverständnisse voraus; diese Entscheidung dazu muss jeder für sich in einem Ritual ausdrücken, das ihn mit dem ganzen Körper und seiner ganzen Seele einbindet, in das wir uns aus ganzem Herzen einbringen, sonst funktioniert das Ritual entweder gar nicht oder nur ein bisschen. Und das reicht meist nur für die Wiederholung unserer Angst.

7. Angst durch vermeintliche Überforderung

Ein großer Anteil unserer täglichen Ängste entsteht aus einer dauerhaften, schleichenden Überforderung. Die Ursachen dazu sind u.a. vor allem unser ständiges Betteln um Anerkennung und die Erlaubnis für irgendetwas, was wir gerne denken, fühlen, tun wollen, um das Leben auszuprobieren. Das ist zwar alles verständlich, oft aber in der freien Entfaltung der eigenen Persönlichkeit hinderlich. Wer seine eigenen Bedürfnisse nicht kennt, kann sie auch nicht berücksichtigen und leben; er kennt somit auch einen wichtigen Teil seiner Fähigkeiten und Grenzen nicht und fühlt sich unsicher und machtlos. Die meisten Menschen folgen den gewohnten Vorstellungen von Sozialität und fragen grundsätzlich erst nach den Bedürfnissen anderer, stimmen ihre eigenen Vorstellungen darauf ab, was andere wollen. Damit wird Selbstverwirklichung sehr langwierig und schwierig.

Viele Menschen können auch in aller Regel nicht NEIN sagen, schon gar nicht rechtzeitig, weil sie eben ihren vollen eigenen Wirkungskreis und ihre Möglichkeiten nicht wirklich kennen, allenfalls vermuten. Wer diese Voraussetzungen nicht erfüllt, kann in der Regel eben auch keine eigenen Ziele erkennen, entwickeln und durchsetzen, somit leben. Wer immer wieder mit sich ringen muss, seine eigenen Bedürfnisse zu erkennen und zu leben, ob oder ob nicht und im Zweifelsfalle wie - weil geübt hat man das ja auch noch nicht so richtig, bauen sich Widerstände auf. Das macht den Gesamtprozess umso anstrengender, weil es immer wieder aufs Neue zu entscheiden gilt, welche Möglichkeiten, welche

Interessen, welche Bedürfnisse denn zuerst zu berücksichtigen wären.

Anstatt mit den Fähigkeiten der Herzebene und der Matrix alle miteinander zu verbinden bzw. verbinden zu lassen. Nur so kommen wir aus dem Dilemma einer selbst auferlegten Entscheidungspflicht heraus: wir dürfen vertrauen lernen, dass sich alles erfüllt, was wir zu unserem übergeordneten und gemeinsamen Ziel erklären. Erst wenn wir fähig sind, unsere eigenen Ziele zu gemeinsamen Zielen zu machen und dies wirklich aus freien Stücken und aus ganzem Herzen, dann können wir mit Hilfe unserer Intuition zwischen verschiedenen Arbeitsebenen hin und her schwingen und wahrnehmen, auf welcher Strukturebene sich ein günstiger nächster Schritt anbietet.

Mein Ziel an dieser Stelle also ist es, auf alle Wahrnehmungsebenen des Lebens hinzuweisen, sie alle sind gleichzeitig aktiv und stellen sich immer auf einander von alleine ein – noch einmal: von alleine! Wir müssen als Regisseur unseres alltäglichen Drehbuches nur darauf achten, dass die Dinge sich an unseren eigenen und erklärtermaßen somit an den gemeinsamen Zielen orientiert. Alles ist im Fluss; wir mögen versuchen, die Dinge in ihrem Fluss betrachten und erleben zu wollen. Stellen Sie sich eine Kugel vor, die ins Rollen gekommen ist: sie hat eine Geschwindigkeit und eine Richtung, wir haben ein Ziel im Auge, wohin die Kugel rollen soll. Rollt die Kugel in die „falsche" Richtung, haben wir unsere innere Vorstellung von einem Ziel der Kugel nicht mit unseren Werkzeugen, unseren eigenen tatsächlichen Möglichkeiten, den Muskeln, Sehnen, Knochen und anderem, dem Ziel angemessen synchronisiert. Es wird kaum gelingen, die Kugel in einen freien Lauf, also ohne eigene Anstrengung zu dem festgesetzten Ziel laufen zu lassen, wenn wir sie gleichzeitig in ihrem Lauf verändern wollen. Wir müssen sie einfach erst mal laufen lassen, wie einen Golfball und erst, wenn er an einem „Zwischenziel" angekommen ist, können wir manchmal korrigieren.

Eine Kugel ist kein Projekt; ein Projekt, auch ein Lebensprojekt, hat so unendlich viele kleine Zwischenstufen und Zwischenziele, die sich alleine erfüllen können, wenn wir die angeschubsten Prozesse an die Vision, an die letzte große gemeinsame Zielsetzung erinnern. Diese Zielsetzung ist ja kein Ort, sondern auch wieder ein Zusammenspiel vielfältigster Kräfte. Und da reicht ein kontinuierliches Erinnern der Vision erst mal aus. Begeisterung zieht alle geistigen Register und energetischen Prozesse, immer nur reden und vormachen lähmt.

Die Überforderung, die ich meine, und die Angst auslöst, ist jene, dass wir immer wieder glauben, dass wir nur mit einem „Golfschlag oder einem Golfschläger" selbst die Richtung der Kugel bestimmen müssten. Das geht nicht; in einem Prozess, in dem eine größere Gruppe ein gemeinsames Ziel erreichen soll, müssen wir immer einen großen Freiraum für diese Entwicklungen schaffen und belassen. Dazu braucht es Vertrauen und Geduld und einen kontinuierlichen Glauben und inneres Festhalten an dem übergeordneten Ziel. Das ist gelebte *Holographie*, das ist eines der Geheimnisse des gemeinsamen Erfolges. Vertrauen und Geduld sind die Grundlagen für Zuversicht. Als Regisseur geben wir Ideen und Anweisungen, wir können zwischenzeitlich auch mal in eine Rolle hineinschlüpfen; es ist aber anstrengend, alle Rollen gleichzeitig spielen und nach außen vertreten zu wollen. Wie wollen wir in einem Theater alle Rollen gleichzeitig spielen, ohne uns selbst und auch die Zuschauer zu überfordern? Das geht mal in einem kurzen Sketch, aber kaum in dem ganzen Theater des Lebens: wenn wir andere erreichen wollen, müssen wir sie stets mit einbinden. Und schon sind sie drin. Vorher nicht. Überforderung beginnt, wo wir ohne Drehbuch und ohne angemessene Rollenverteilung zu vieles an uns selbst binden oder anderen aufbürden, was nicht zu schaffen ist.

8. Angst vor Autorität, vor der Macht anderer und vor der eigenen

Der Mensch lebt von inneren Vorstellungen und inneren Bildern, gleich ob wir das Erfahrung, Erfindung, Einbildung oder Träume bezeichnen. Im Bewusstsein menschlicher Hierarchien ist es natürlich ein Unterschied, ob wir die Erfahrungen eines Professors erbitten oder ob wir ihn nach seinen *Einbildungen* befragen. Ich bin mir ziemlich sicher, dass es sich beide Male um das Gleiche handelt. Die Angst vor Autorität scheint mir auch eine Analogie zu sein für das schlechte Gewissen, das wir mit uns herumtragen, dafür, dass wir als Menschen halt vieles erschaffen, welche die oben beschriebene „Heiligkeit" stören oder gar zerstören könnte bzw.

längst gestört hat. Das Tröstliche, ich bin mir ganz sicher: Wir Menschen sind - Gott sei Dank - zu dumm, um das Universum und seine Integrität aufzulösen. Wir schaffen Vieles, aber das nicht. Ich denke, der liebe Gott passt da schon sehr gut auf sich und auf uns auf.

Eine mangelnde Verbindlichkeit seinen eigenen Bedürfnissen und Zielen gegenüber, mangelndes Training in einer *gesunden* Streitkultur und die Erfahrungen der wiederholten Unterwerfungen führen zu einer geringen Durchsetzungskraft im Alltag gegenüber anderen Menschen und fördern erheblich die Angst vor zu viel Autorität anderer. Leben wir in einem Glaubensmuster, in dem wir grundsätzlich davon ausgehen, dass andere Menschen immer klüger, fleißiger, schneller, erfolgreicher sind und nur diese es sein können, haben wir uns selbst die weniger gute Position zugeordnet. Wer sich als Gras zeigt, wird getreten... Die meisten Menschen machen es so: Sie ordnen sich unter, weil sie dies seit ewigen Zeit so kennen und ihre Erziehung dies als unumstößlich vorgibt. Und damit bleibt für die anderen oft der Erfolg übrig. In einem Weltbild der Ausgrenzung, der Polarität, des kindlichen Entweder / Oder - Spielchens, erscheint dies logisch. Die Angst vor der eigenen Macht ist immer auch verbunden mit der Angst vor dem eigenen Glück. Die Entscheidung *für das eigene Glück* und dies auch noch zu hundert Prozent, fordert uns heraus, unsere gewohnte Leidenskultur und das Bekenntnis zu Mitleid bzw. Selbstmitleid zu kündigen.

Doch dies ist verbunden mit einem Ausstieg aus einer Jahrtausenden alten Leidensmaschinerie, in der wir die Aufmerksamkeit unserer Mitmenschen vor allem über das Kokettieren mit Krankheiten erhalten haben: Herr Doktor! Ich leide aber mehr als meine Nachbarin ... Wir alle kennen diesen Unsinn, und machen es oft genug doch. Sensationsgeilheit ist die perverseste und beliebteste Form dafür. Immer wieder brauchen wir Werkzeuge für unseren eigenen Lernprozess, in dem wir unserem eigenen Glück und unserer eigenen Kraft zur Selbstbestimmung mit gutem Gewissen in die Augen zu blicken. Beschließen wir doch endlich einmal mit unserer ganzen Beschlusskraft, nur noch alles zu denken, zu fühlen und zu tun, was zum Besten aller Beteiligten in einem großen Ganzen ist; dann hört das Herumgackern über die schlimmen Dinge unseres Lebens vielleicht auf.

9. Angst vor unseren eigenen Emotionen und deren Konsequenzen

In früheren Abschnitten habe ich schon manches dazu bemerkt, jetzt will ich mehr auf die Konsequenzen eingehen, die unsere Emotionen auslösen. Der Einfluss unserer Emotionen auf unsere Befindlichkeit ergibt sich aus einer unüberschaubaren Menge an Mischungen von Emotionen, die wir bewusst kaum auseinanderhalten können. Emotionen sind in aller Regel plötzlich da, man hat sie nicht direkt bestellt, aber man weiß meistens schon, was da in einem hoch kommt, zumindest „ahnt" man etwas, befürchtet etwas. Unser Sprachgebrauch zeigt, dass wir „das Ahnen", um nicht zu sagen „die Ahnen" mit Befürchtungen gleichsetzen, was zumindest im Unbewussten rasch geschieht und uns emotional signalisiert, dass da aus dem Dunkel unserer Vergangenheit nichts Gutes kommen könne... Dies führt umgehend zu einer Verschärfung unserer Beobachtung, was „denn jetzt wieder aus unserer Vergangenheit aktiv sein könnte". Unser Misstrauen in unsere eigene Vergangenheit, in uns selbst ist oft genauso groß wie unsere Sehnsucht nach Heimat und dem Frieden in unserer Vergangenheit. Das ist halt Polarität. Wir leiden gerne unter unseren Emotion, manche Menschen sogar unter Freude... Wir können sie nicht steuern und das macht sie unheimlich, zudem haben sie eine enorme Macht. Und dies macht gelegentlich Angst. Im Laufe des Lebens und insbesondere, hoffentlich, im Laufe dieses Buches lernen wir, unsere Emotionen als etwas ganz Natürliches zu verstehen, das energetisch als Zustand unseres Gesamtorganismus´ in uns entsteht, somit ein wichtiger und unentbehrliches Teil unseres Energiekörpers ist und der in diesem Gebilde stattfindenden Energieflüsse. Somit ist garantiert, dass Emotionen im Grund nur Befindlichkeiten sind und kein Problem.

Ein Problem entsteht in der Biologie immer nur dann, wenn dieser natürliche Energiefluss in irgendeiner Weise blockiert ist. Einschränkungen dieser Energieflüsse sind völlig normal und können auf gleicher Energiestufe oft einfach und wirksam behandelt werden. Der Begriff Behandlung leitet schon über zu dem, was jetzt kommt: unsere Hände sind als Kommunikationsorgan weit unterschätzt, sie können weit mehr als nur ein Bierglas halten. Den gemeinen Bierhalter wird dies vielleicht überraschen. Doch auch er hat zweifellos mit seinen Händen ein Werkzeug, mit der er sich immer wieder handfest Respekt verschaffen kann.

Oder sagen wir besser: Die Angst vor den Konsequenzen aus unseren Emotionen wird uns immer dann als schlechtes *Gewissen* präsentiert, wenn wir die Hand gerade mal hochgehoben haben: zur Drohung, beispielsweise. Dieses seltsame Gewissen begleitet uns als übergeordnete Instanz der Matrix, als Ordnungsinstanz, als Energetischer Richtplatz. In dieser Institution wird alles gesammelt, was biologisch *nicht in Ordnung ist*, und geordnet. Im Gewahrwerden dessen, was von vornherein angemessen, friedlich und gesund *gewesen wäre*, also alleine durch die Ermahnung des Unterschiedes zwischen dem Ist-Zustand, einem eigenen Verhaltensmuster, und dem Soll-Zustand, alleine durch die Wahrnehmung jenes Unterschiedes regelt sich bereits manches.

10. Die Angst vor Drohungen

Somit sind wir schon bei einem nächsten und sehr wichtigen Punkt: der Angst vor Drohung. Diese ist oft „herzhafter" wirksam als eine Ohrfeige, die wir ja ungerne ohne Vorwarnung geben. Seien wir ehrlich: Erst drohen und dann schlagen, also vielleicht schlagen, macht doch meistens mehr Spaß, oder nicht? Drohungen verunsichern, sie rauben die Kraft zur Selbstbestimmung, zur Selbstbehauptung. Sie destabilisieren.

Ihre Wirkung hat eine Langzeitwirkung, vor der wir alle ebenfalls viel Angst haben. Freilich gibt unsere Drohung dem anderen Gelegenheit, sein Verhalten zu überprüfen und zu korrigieren. Dennoch ist das „Spiel" mit der Drohung der

Griff zum Messer, mit dem wir einen anderen verletzen. Dies verrät auch unsere eigene Absicht, vor nichts zurückzuschrecken. In der so genannten „Schwarzen Magie" werden im Energiefeld Markierungen, Symbole, Integrale gesetzt, die einen Befehl enthalten für unsere Energiesysteme, einen Energiefluss zu blockieren oder umzuleiten und sich dem Einflussbereich anderer Menschen zu unterstellen. Das sind offene Drohungen. Wer sich in diesen Regionen nicht auskennt, hat fast verloren und kann kaum seine eigene Persönlichkeit leben. Drohungen wirken einander sehr ähnlich, sie gehören zu den vielen „Besetzungen", die uns manipulieren. Das ist auch die dahinterliegende Absicht.

Immer aber sind es wir selbst, die wir uns darauf einlassen. Wir haben zumeist nicht diese hundertprozentige Gelassenheit, die nun „schützen" würde. Der Schutz, den wir von Fremdbestimmung haben wollen liegt ausschließlich in unserem Beschluss für die eigene Integrität, die eigene volle Zustimmung zur eigenen Vollständigkeit, Zufriedenheit, zur eigenen Unverletzlichkeit. Nicht im Später einmal oder in einer Zukunft, die es nur gibt, wenn ich sie wirklich will. Haben wir das einmal wirklich begriffen, können wir unsere eigene Unverletzlichkeit beschließen und die Verantwortung für alles übernehmen, was wir erleben. Dann sind wir in der ersehnten Gelassenheit. In einem bereits oben angesprochenen „schlechten Gewissen" kommen die Absichten und die Auslöser für solche Drohungen bei wirklich friedlichen Menschen sofort in einen inneren Abgleich und unangemessene Worte oder Taten werden „vergeben", also aufgelöst.

Bei weniger friedlichen Menschen und vor allem bei Flüchen und ähnlichen Aktionen sind die Folgen nur schwer auszumachen. Der beste Schutz vor solchen Übergriffen ist das Gebet, sind Affirmationen, die seit Urzeiten als Integral im Großen Ganzen installiert sind. Gehen wir mit diesen Integralen bewusst und aus ganzem Herzen in Resonanz, sind wir mit unserer Herzensenergie und somit mit unserem Vertrauen in Resonanz zu den wirksamsten „Ordnungshütern" der Matrix. Meine Empfehlung: Beten, Meditieren. Und dies täglich. Mit ganzem Herzen, nicht nur lapidar dahingeworfen. Halbherzigkeiten sind nicht Ziel führend.

Biologische Folgen unserer Ängste

Angst führt zu Kettenreaktionen, die auf Dauer krank machen. Am Beginn steht immer eine grundsätzliche tiefe Furcht „vor dem Fall", vor der Ausgrenzung aus dem großen Ganzen, dem Göttlichen System, der Schöpfung, aus der Familie, der Sippe ..., die unbewusst gleichgesetzt wird mit dem „Fallbeil" der Entscheidung anderer, also mit einer Entscheidung über Leben und Tod durch andere. Wer zu früheren Zeiten (Inkarnationen) von seiner Familie oder der Sippe ausgegrenzt war, war sowohl gesellschaftlich als auch oft genug körperlich dem Tod geweiht. Und diese Erfahrungen haben unzählige Menschen gemacht, sie sind im Energiefeld der Sippe und der Familie fest eingebrannt. Diese zu tauschen ist eine der Leistungen, die wir in unseren modernen Gesellschaften einbringen könnten, in dem wir einander nur noch friedlich begegnen. Zumeist ist uns diese Grundangst gar nicht so bewusst. Unsere anerzogenen Denkmodelle („Benimm Dich bitte! Hab´ doch keine Angst...") sind von eben diesen Ängsten geprägt. Während wir verzweifelt versuchen, keine Angst zu haben - was nicht funktionieren kann - entstehen weitere Kettenreaktionen mit Schuldgefühlen, weitere Vermeidungsstrategien, Engherzigkeit, Unverständnis, Widerstand, Aggressionen, Besserwisserei, Arroganz, Ignoranz und dann „tatsächliche Fehler", weil viele wichtige, harmonisierende Lebensprozesse ausgeblendet werden.

Angst ist wandelbar

Ängste sind erlebte und lebendige eingefrorene Emotionen, Schockzustände. Sie beherbergen eine ungeheure Kraft. Ängste kann man weder verlieren noch beseitigen. Wenn es gelingt, sie anzuschauen und die eingefrorenen Kräfte freizusetzen, machen wir eine geniale Erfahrung: eine neue Souveränität in der eigenen Persönlichkeit, die wir zuvor kaum erahnt hatten. Angst ist veränderbar, wenn die unbewusste Grunderfahrung (Zentralkonflikt) erkannt und angenommen, und damit gelöst ist.

Zunächst einmal gilt es, den angemessen Raum in sich und auch im Außen zu finden oder zu schaffen, eine schützende Umgebung, in der die eigenen Ängste erkannt und gewandelt werden können. Dies kann geschehen, wenn wir alleine sind, in der Gruppe, im Reden, auch im Schweigen:

Meditation in den unterschiedlichsten Formen bringen seelische, geistige und körperliche Systeme in Harmonie und helfen uns auf natürlichstem Wege, unsere Ängste zu erkennen und zu lösen.

Atmen und Bewegung gehören zu den effektivsten Befreiungsmechanismen, die wir haben. Auch gilt es, die richtigen Begleiter dafür zu finden bzw. sich finden zu lassen. Durch ihre kraftvolle Führung und Supervision (das heißt: Weisheit freiwillig gemeinsam teilen) kann Angst gewandelt werden.

Unser Ziel ist Gelassenheit, Fröhlichkeit, das sichere Gefühl der Geborgenheit in einer Gemeinschaft des freiwilligen Vertrauens. Gelassenheit bedeutet: die Dinge in die Vergangenheit abzugeben, gleich, wie sie gewesen sein mögen, ohne jede Befürchtung negativer Folgen.

Einfach, weil wir gelernt haben, unser eigenes Glück zu beschließen und einzurichten. Souveränität als ein hohes Maß an Selbstregulationsfähigkeit in Eigenverantwortung, um den eigenen Weg erkennen und jeden Schritt so gut wie möglich in der eigenen Souveränität gestalten zu können.

Angst können wir wandeln in

- *Dankbarkeit über das pure Sein, die eigenen Fähigkeiten, Wahrzunehmen und zu Lieben, auch das ganze eigene Wissen, Können, Erschaffen, in Respekt und Zuneigung zu sich und allen anderen*

- *Toleranz und angemessenes Vertrauen zu allem was ist*

- *Barmherzigkeit und Geduld*
- *Kompetenz*

- *einen leisen, natürlichen Stolz und die Glaubenskraft über die eigene Herkunft, die eigenen guten Absichten, die eigene Vision, die eigenen Ziele und die vielen kleinen Erfolge*

- *Humor*

- *die eigene Wahlfreiheit, auch wenn sie sich manchmal verbirgt*

- *Aktivität nach vorne (Zukuntsorientierung, Zielfindung) und nach hinten (Reflexion, Selbstkontrolle)*

- *Kontinuität und Mut, nur sich selbst zu SEIN und in sich in seiner Mitte am Wohlsten zu fühlen*

KAPITEL II

ERKENNEN UND LÖSEN VON ÄNGSTEN

STOP!

Der erste und wichtigste Schritt ist es, der Angst zu sagen: Stopp! Was immer du mir sagen willst, bleibe mir fern, triggere mich nicht, ich werde mich dir (dem Thema) widmen, aber du hast keine Macht über mich! Dieser Ansatz „entmächtigt" einen drohenden Einfluss und belässt uns in unserer Souveränität und Kraft.

Begegne der Angst und dem Thema!

Wenn Dir etwas Angst macht, zu machen droht bzw. zu machen scheint: schaue sie, bzw. das Thema einfach konsequent und lange Zeit an; Du wirst feststellen, dass es sich auflöst oder zumindest leichter wird. Es ist ein physikalisches Prinzip, funktioniert immer, wenn wir dran bleiben.

Kommt ein Mensch mit Drohgebärden auf Dich zu, insbesondere ein Respräsentant der Obrigkeit, schau ihn lange an und stelle ihm still im Geistigen die Frage: Wie fühlst Du Dich jetzt? Konfrontiere ihn mit Deinem ruhigen, gelassenen Blick und schenke ihm so viel Be-Achtung, wie Du geben kannst; er ist im ersten Augen-Blick nicht im Kontakt, doch er wünscht sich diesen „eigentlich" und ein Gewissen hat er ja auch; dieses gilt es wachzurufen, leise und achtsam zu stimulieren, sich immer deutlicher zu zeigen. Er wird eine Veränderung spüren und sich auf den Weg begeben. Je mehr Be-Achtung er auf diese Weise „erblickt", desto mehr wird er sich eines anderen, freundlicheren Verhaltens „besinnen".

Und dies führt oft sehr rasch zu überraschenden und angenehmen Verhaltensänderungen. Unsere Märchen erzählen viel davon, und sie wurde nicht für Kinder geschrieben ...

Atemübungen, Bewegung

Spüren wir Angst, befreit uns ein Lauf durch die Natur. Einatmen und lange ausatmen! Im Verhältnis 1:4-6. Konzentrieren wir uns bei allem, was uns anzustrengen scheint, auf das Ausatmen, schwindet die Übersäuerung in unserem Stoffwechsel, die durch Angst und Wutentstehen und die innere Säure (Ergebnis von Angst, Wut, Trauer u.a.) können wir mit dem Atem verabschieden. Was Dich nicht glücklich macht, kann weg!

Gespräche

sind hilfreich, uns des hinter der Angst liegenden Thema bewusst zu werden.

Biographiearbeit

erforscht die Gründe, warum wir in Angst geraten sind, was uns emotional aus der Vergangenheit geprägt hat, uns unsere natürliche Selbstbestimmungskraft gemindert hat. Biographiearbeit erklärt, macht verständlich und gibt uns Gelegenheit, alte Emotionen und auch unbewusste Verstrickungen zu erkennen und wieder den roten Faden unseres Lebens zu erkennen und an ihm festzuhalten.

Die Psychoenergetik

der *Traditionellen Chinesischen Medizin* hilft uns sehr und erstaunlich einfach, Übersicht über unbewusst wirksame Zusammenhänge zu gewinnen für das Verständnis, wie unsere Emotionen entstehen und uns unbewusst oft lange Jahre im Zaum halten, steuern, auch krank machen können. Sie ist eine besondere Art der *Biographiearbeit*, welche alleine oder auch zusammen mit *Kinesiologie, Homöopathie* und *Klopf- und Haltetechniken* oft erstaunlich einfach und rasch zur Auflösung von Ängsten sehr wirkungsvoll sein kann.

Visualisierungen

Die Kraft der inneren Bilder und Filme kennt jeder. Sich eine Angstsituation vorzustellen und zusammen mit dem inneren Weisen, dem inneren Heiler und dem inneren Regisseur zu wandeln ist oft eine einfache und sehr wirkungsvolle Methode zur Auflösung unbewusster bzw. teilbewusster Ängste. Die Wirkung erfolgt ohne Mittel im Außen und nutzt nur die eigenen Vorstellungskräfte. Dies stärkt den natürlichen Stolz, ganz eigene Lösungen gefunden zu haben.

Systemisches Arbeiten

Das Familienstellen hat sich inzwischen bekannt geworden und etabliert; auch Emotionen kann man mit lebendigen Stellvertretern aufstellen und auf diese Weise befragen, um Antworten und Lösungen bitten. Sehr lebendig, persönlich und real.

Dorn und Breuss, Reflexzonenarbeit

Die Dorn-Methode ist ebenfalls schon bekannter geworden, zu Recht. Sie schenkt uns eine einfache Möglichkeit, über Druckpunkte entlang der Wirbelsäule innere Spannungsthemen zu finden und umgehend zu lösen. Bestimmte Formen der Reflexzonenarbeit führt oft zu ähnlichen Ergebnissen.

Insbesondere die Micrikinesitherapie aus Frankreich leistet hier einen großartigen Beitrag; leider ist die Methode in Deutschland weniger bekannt bzw. wieder in Vergessenheit geraten.

Massagen

Zahlreiche Massagentechniken führen zur Entspannung in Muskelketten, Sehnen und Bändern und führen oft zu einer erheblichen Entlastung im Stoffwechsel und in der Seele.

Klopf- und Haltetechniken

Die *Halte- und Klopftechnik nach Wollinger* in der Systematik Integrale Gesundheit (SIG) bietet ca. 400 Fragen und Lösungen an, die uns gezielt zu einem unbewussten Konflikt und umgehend zu seiner Lösung führen. In der Verbindung mit den Grifftechniken in der SIG gelingt dies zumeist sehr rasch, einfach, nachhaltig.

Akupunktur, Akupunktmassage nach Penzel (APM)

Diese Therapien lösen sehr oft tief liegende Blockaden in unserem PsychNeuroImmunsystem, verlangen jedoch, im Gegensatz zu manchen anderen Behandlungsformen längere Ausbildungzeit und viel Erfahrung. Doch rasch wirksam und sehr wirkungsvoll ist vor allem die APM.

Natürliche Lebensweise

Eine einfache, klare, übersichtliche, bewusste, liebevolle Lebensführung lässt manche Ängste gar nicht erst entstehen bzw. reifen. Durch angemessene Atmung und angemessenes Schreiten bzw. Laufen in der Natur lösen sich zahlreiche Spannungen und traineren unsere Widerstandkräfte.

Nicht zuletzt spielt eine basische Ernährung eine bedeutende Rolle, ebenso basische Anwendungen wie Fußbäder, Wassenbäder und Wickel und, nicht zuletzt, eine angemessene sportliche Betätigung, die uns aus gewohnten Haltungen heraus und in die innere und äußere Beweglichkeit und Geschmeidigkeit bringen können.

KAPITEL III

ÜBUNGEN ZUR EMOTIONALEN BALANCE

Dankbarkeitsübungen

Dankbarkeit für das Geschenk des Lebens an sich, wie schwierig und kompliziert und unangenehm es sich auch bisher anfühlten mochte. Ohne Dankbarkeit für jeden Tag, jeden Atemzug, jedes noch so kleine Licht, jede noch so kleine Erfahrung, die wir machen können, werden wir unsere Ziele wie Dankbarkeit, Selbstvertrauen, Gelassenheit, Heiterkeit, Freude, Achtsamkeit, Leichtigkeit, Zuneigung und Respekt nicht erreichen.

Schenke Dir alle Zeit der Welt, alle Muße, alle selbstgewählte Disziplin auf dem Weg, Dankbarkeit zu erlernen und zu leben.

Schreibe Dir zunächst einige wenige ganz einfache Dinge auf, die Dir das Leben überhaupt ermöglichen: Ich kann atmen, ich habe gesunde Finger, ich kann Laufen, ich kann Sehen, ich kann Hören etc., was immer Dir einfällt, alles. Schreibe mit vollem Herzen und nicht halbherzig und nur aus Pflichtgefühl, auch wenn dies schon mal ein Anfang wäre. Gönne dir bereits beim Aufstehen am frühen Morgen einen ersten Blick auf deine Liste und schaue immer wieder mal tagsüber darauf. Übe dich in Dankbarkeit; mit der Zeit solltest du jeden Tag mehrmals dir die Zeit für ein Dankbarkeitsritual einrichten, dir selbst schenken.

Das frisst keine Zeit, die sich nicht in Lebensqualität äußern würde, somit ist jeder Blick auf deinen Zettel hilfreich auf deinem Weg zu den großen Zielen. Lass´ diese Liste mit deinen eigenen Erfolgen wachsen, schreibe dir alle kleinen und größeren Erfolge im Laufe einer Woche mit auf den Zettel und erkenne deinen inneren und äußeren Reichtum.

**Erinnerung der Zauberwerte -
Koordinaten der Menschlichkeit**

Zauberwerte des Zusammenlebens sind Koordinaten der Menschlichkeit. Sie stellen eine verlässliche Kommunikationsgrundlage dar, uns selbst gegenüber wie allen unseren Schöpfungspartnern gegenüber. *Zauberwerte* stabilisieren uns in einem Bewusstsein von Vertrauen und Dankbarkeit in einer Gemeinschaft, die diese Grundlagen mit uns teilt. Ich spreche die an früherer Stelle beschriebenen Werte noch einmal an, um den Sinnzusammenhang deutlicher werden zu lassen, wofür alle die bisher benannten Gedanken und Affirmationen hinführen sollen: zu einer friedlichen und gesunden Kommunikation mit uns selbst und mit dem Universum. Jeder Versuch ist wertvoll. Lies die Hinweise einfach ab und zu durch und pflege die Erinnerung daran.

1. *Achtsamkeit*

2. *Achtung*

3. *Ausdauer*

4. *Bereitschaft zur bewussten, friedfertigen Kommunikation*

5. *Bereitschaft zum Verzeihen*

6. *Bereitschaft um Anzunehmen, was ist*

7. *Bescheidenheit:* bewusster Verzicht auf alles Komplizierte, Überflüssige, Abhängig machende, „eigentlich" nicht sinn- (freudvolle) und aus eigenen Mitteln jederzeit Bezahlbare bzw. Steuerbare.

8. *Dankbarkeit* für alles, was Du hast, keine Aufmerksamkeit für das, was Du sowieso nicht wirklich brauchst.

9. *Demut:* freiwillige Einwilligung und Zustimmung in die Dinge, so wie sie sind, um sie eventuell danach zielbewusst und in angemessenen Schritten zu verändern 10. Ehrlichkeit und Fairness sind vielleicht eins: sich selbst gegenüber, damit wir anderen gegenüber glaubhaft sind, und nicht nur erscheinen.

10. *Was du nicht willst, das man dir tu, das füg´ auch keinem anderen zu...* Versuche nicht, dich und andere über das Ohr zuhauen, es könnte dir glatt gelingen und es kommt was ganz Anderes dabei heraus als geplant und ersehnt.

11. *Freundlichkeit:* eine Selbstverständlichkeit, wenn es gelingt, zu sich selbst zustehen und bei sich zu bleiben. Andere wollen dich glücklich machen; wenn du vorgibt mit der Lösung A zufrieden zu sein obwohl du es nicht bist, entsteht Unfreundlichkeit im Energiefeld, in der unbewussten Kommunikation

12. *Geduld, mit dir und allen anderen:* Lebst du das, was du willst und schätzt, fühlst und weißt Du sicher, dass es ein inneres Maß gibt, das dich automatisch zu deinen Zielen führt. Ungeduld ist eine Kraftverschwendung, mit der man weder für sich noch für andere zum Ziel gelangt

13. *Gesundheits- und Ernährungsbewusstsein:* der Mensch ist, was er isst. Daran hat sich nichts geändert und wird es voraussichtlich auch nicht. Jeder mag sich vergiften wie er will; anderen chemische und industrielle Güter als angebliche Lebensmittel unterzujubeln oder aufzuzwängen, ist Verrat, Körperverletzung. Vergiften wir uns mit Chemie, sind wir selbst daran schuld. Wer das Zeug kauft, unterhält den Markt und fördert diese Industrie

14. *Hilfsbereitschaft:* Hilfsbereitschaft sollte Hilfsbereitschaft sein und bleiben dürfen. Wenn angebliche Hilfsbereitschaft zur Berechnung wird, für welchen Gegenwert auch immer, verschleudert viel Kraft. Denn die Herzenskraft, die Energie, die beim selbst losen Helfen frei wird, kann nicht berechnet werden. Das ist oft schwer einzuhalten, aber es lohnt, wirkliche Hilfsbereitschaft von allem zu trennen, was wir berechnen können und so im Alltag auch durchaus konkret berechnen. Das Motto: Gibst Du es mir, gebe ich es Dir, ist ja erlaubt, aber es scheint mir nicht die Hilfsbereitschaft des Herzens zu sein. Es ist eine der Sicherstellung

äußerer Lebensmerkmale und sinnvoll, wenn beide Seiten sich gerne darauf einlassen.

15. *Höflichkeit:* Respekt vor dir selbst zeigst du am besten, indem Du mit dir höflich umgehst. Höflich bedeutet respektvoll, sich verneigend, mit einem benehmen wie „am Hofe des Königs". Benimmst du dich wie ein Trampel, wirst Du auch so behandelt.

16. *Kameradschaft:* Ein Kamerad ist einer, der bei Dir bleibt, obwohl er Dich kennt. Einer, der dich mit als Letztes verlässt, auch wenn Du Dich selbst längst verlassen hast.

17. *Lachen.* Ein ehrliches Lachen ist Zustimmung zum Augenblick und die Bereitschaft, mit allem spielerisch umzugehen, ein Erlebnis von vielen Seiten aus zu betrachten und seine ganze Kraft zu nutzen, nicht nur einen Aspekt, der gerade und nur in einem besonderen Augenblick ins Auge fällt. Mein Lachen ist Ausdruck innerer Freiheit, das zu Denken und zu Fühlen, was sich gerade in mir bewegt.

18. *Mut* ist eine Kraft, den eigenen Bedürfnissen, den eigenen Zielen und Sehnsüchten mit gutem Gewissen, mit klarer Entscheidungskraft und mit angemessenen Schritten zu folgen und ihrer Erfüllung entgegen zu gehen.

19. *Naturverbundenheit:* wer sich der natürlichen Bedingungen, in denen wir leben, respekt- und liebe-

voll bewusst ist, kann in diesem Bewusstsein aus den gegebenen Ressourcen sehr viel mehr machen als jene, die sich dieser Kraftquellen nicht kennen. Mit seinem Bewusstsein am Boden bleiben heißt nicht, sich nicht ausschließlich den eigenen Zielen hinzugeben; Naturverbundenheit bedeutet, seine biologischen Grundlagen anzuschauen, zu erkennen, zu schätzen und zu nutzen. Wer der Biologie und ihren Bedingungen den Vorzug gibt, anstatt sich mit theoretischen und meist kaum erfüllbaren Forderungen zu beschäftigen, gelangt leicht ins Außerirdische und Fassungslose. Das meine ich ernst, denn er kann in der Begegnung mit den Naturkräften schier Unglaubliches erleben.

20. *Pünktlichkeit:* wer Verbindlichkeit zu sich selbst schätzt, weiß sie ändern zu zeigen, vorzuleben. Unsere Intuition verfügt über ein breites Spektrum von Möglichkeiten, sich mit allen Gegebenheiten im Innersten eines Menschen und in seinem Umfeld abzugleichen, um ein deutliches Gefühl für das Machbare und Zeitgerechte zu vermitteln, worauf wir uns absolut verlassen lernen können. Wir alle haben eine innere Uhr, die uns stets rechtzeitig sagt, wann ein guter Zeitpunkt gekommen ist für Rücksichtnahme, Sinn für Gerechtigkeit, Umweltbewusstsein, Verantwortungsbewusstsein, Verlässlichkeit, Verständnis, Vertrauen, Zufriedenheit & Bescheidenheit und noch so vielerlei anderes. Trainieren wir diese Quelle in Ruhe und Muße.

Die eigene Beschlusskraft aufbauen und achten

Ohne die eigene Beschlusskraft können wir keine Ziele finden und umsetzen. Die oberste Kraft ist und bleibt die Schöpferkraft der Biologie und unser GOTT, wie immer wie ihn auch definieren. Erst nach der Überwindung der eigenen Angst vor der eigenen Beschlusskraft und Macht sind wir beschlussfähig. Nun braucht es den eigenen, bewussten und freiwilligen Beschluss, diese Kraft auch zu nutzen. Jeder Einzelschritt ist wichtig, um den inneren Kraftschluss bis zur Umsetzungsphase selbstverantwortlich herzustellen.

Infirmation: *"Nun beschließe ich zu 100%, meine eigene 100%ige Beschlusskraft zu 100% zu wollen und als meinen wichtigsten Lebensimpuls anzuerkennen und zu meiner ganzen Freude zu nutzen"*

Bereitschaft zur Veränderung

Nutzen wir unsere Beschlusskraft und unser Bewusstsein, von wie unendlich vielen Dingen wir getragen und gut geführt werden, können wir bewusst unsere Bereitschaft zur Veränderung unserer eigenen Lage, unserer Ein- und Ansichten, Bewertungen und Erlebnisse beschließen, finden.

Schauen wir dabei auch auf unsere eigenen Bedürfnisse und Ziele, unsere Vision, die uns Belohnung, wird uns alles gelingen können.

Das Ziel der Bereitschaft zur Veränderung ist ein neues Verständnis von Ein- und auch Unterordnung in den großen Schöpfungsplan, der für unser einfaches Denken einfach zu groß und zu herrlich ist. Im besten denkbaren Sinne. Es geht dabei auch um die Anerkennung dessen, was uns dieses Universum und dieses Leben schenken will – und das uns trägt, wenn wir es annehmen lernen.

Infirmation: *„Ich bin bereit für jede Veränderung, die mir guttut und mich und alle Menschen glücklich macht"*. Denn mein Glück beschenkt alle anderen.

Verabschiedung unangemessener Verantwortung

Lege alle Verantwortung ab, die dir aufgezwungen wurde, und alle, die du aus guter Absicht und freiem Willen genommen hast. Indem wir die Beschlusskraft und die Fähigkeit zur vollständigen Planung unserer Träume und Ziele bei uns selbst ansiedeln, kommen wir zunehmend aus dem Gefühl von Abhängigkeit und Fremdschuld heraus. Damit übernehmen wir die Selbstverantwortung für unsere Pläne, unsere Entscheidungen und unser Tun. Dann können sie Wirklichkeit werden und Frieden finden.

Infirmation: *"Nun erkenne ich und anerkenne ich meine Chancen, alle meine Ziele selbst erreichen zu wollen und zu können. Ich kehre nur in und vor meiner eigenen Hütte."*

Alte Verletzungen erkennen und lösen

Werde Deiner Verletzungen und Wunden bewusst – und beschließe Selbstheilung! Heilung ist immer nur Selbstheilung, weil und wenn wir entscheidenden Veränderungen in uns zustimmen. In aller Regel kann man unangenehme und verletzende Erlebnisse nicht einfach hinter sich lassen, ohne sie ausreichend angeschaut zu haben.

Es ist heilsam, sich die schlimmsten seelischen und körperlichen Verletzungen bewusst zu machen, eigenes Verständnis zu entwickeln und Zusammenhänge annehmen zu lernen.

Nutze deine gewachsene Erfahrung, um die unterschiedlichsten Betrachtungsweisen alter Erlebnisse innerlich und auch schriftlich darzustellen.

Infirmation: *„Nun vergebe ich mir und allen meinen Mitmenschen alle unsere Missverständnisse und unsere Verletzungen. Ich bitte um Vergebung für alles, was zu unseren Verletzungen beigetragen hat".*

Hier möchte ich auf das uralte hawaiianische „Ho'oponopono" hinweisen, eine Technik, mit der über die Mediation und die Wiederholung eines sehr einfachen Vergebungsgebetes bereits vor Jahrtausenden Friedenarbeit geschenkt hat.

Siehe auch: *„Der Friedensspender - Bildband"* von Manfred Wollinger und Clarissa van Amseln.

Wähle bewusst, was zu Dir gehört und was nicht

Viel zu viel beschäftigen wir uns täglich mit Menschen, Themen und Dingen, die uns nichts angehen und die uns nicht nutzen.

Affirmation: *„Nun entscheide (verbinde) ich mich jeden Tag erneut bewusst mit all meinen Fähigkeiten und Merkmalen, die wirklich zu meiner ganz eigenen Persönlichkeit und zu meinem Leben gehören. Gerne verabschiede ich alles, was nicht mehr zu mir und meinem Leben gehört, in Dankbarkeit für meine Erfahrungen in seine Freiheit."*

Rhythmik

Erkenne und anerkenne Deine eigene biologische Rhythmik: Gib´ den Dingen ihre Zeit, die sie brauchen, um sich selbst realisieren zu können! Jedes Ding braucht dabei nicht nur seine Zeit, sondern auch seine Rhythmik, denn alles unterliegt der Polarität und Dualität. Diese Grundphänomene achten darauf, dass wir uns einen ausgewählten Weg aus mehreren Perspektiven anschauen, erleben. Bleiben wir bewusst in jener Rhythmik, die uns wirklich zu eigen ist und uns durch und durch guttut, lassen wir uns von der Matrix Energie sparend an unsere Ziele tragen. Wir werden ankommen, wenn „die Zeit dafür reif ist", „wenn wir selbst für die neuen Erkenntnisse bereit und vor-bereit-et sind.

Infirmation: *"Nun benenne ich meine Ziele und Wünsche und ich vertraue auf sie, dass ich für meinen optimalen Weg zu meinem optimalen Ziel immer in der für mich optimalen RaumZeit bin."*

Pflege ein harmonisches Selbstbewusstsein

Mit der folgenden Infirmation kannst Du nur erfolgreich sein: Den Beschluss zu Erfolg und Gesundheit hast Du schon gefasst, nun benenne den Weg: lass Dich tragen, denn das große Ganze „weiß" immer, was für Dich machbar und sinnvoll ist, ansteht. Klappt es mal nicht, ist noch Angst im Spiel. Das ist nicht schlimm, sondern nur die Aufforderung zum weiteren Üben.
Stelle innerlich und nach Möglichkeit auch äußerlich ein Schild an Deinen Arbeitsplatz, auch im Privatbereich (!) mit der Aufschrift: „Mr. / Mrs. Präsident Vorname, Name."

Und einen kleinen achteckigen Spiegel. In dem sich jeder Besucher umgehend wiederfindet, sich gespiegelt und von seinem eigenen Gewissen scharf beobachtet fühlt.

Sprich mit Dir oft in der dritten Person, um sich den angemessenen Respekt zu schenken und Mut zu machen. Deine Umgebung spürt dies umgehend.

Infirmation: *"Meiner Chancen und Fähigkeiten bewusst vertraue ich mich meiner inneren Führung an und lasse mich auch heute zu Erfolg und Gesundheit tragen".*

Innere und äußere Synchronisation

Ein gesundes Programm zur Atmung, zur Bewegung im Alltag und zur Ernährung, Entspannungstechniken, Emotional Freedom Technique (EFT™) nach Gary Craig, Meditation, Qigong, TaiChi, und viele andere Methoden, mit denen Sie den eigenen Weg zur Mitte bewusst erleben und annehmen mögen. Versteifen Sie sich nicht auf eine Methode, genießen Sie die Freiheit des Ausprobierens. Im Band V. dieser Buchreihe über Integrale Medizin & Psychotherapie, werden etliche dieser Methoden vorgestellt.

Der Weg zu Frieden und Gesundheit darf heute Spaß machen! Früher gab es Vorschriften, heute geben wir uns mit einem erheblichen Spielraum selbst neue Regeln. Wir haben Lust an der eigenen Erfahrung. Und Erfahrung ist das, was wir aus einer Situation machen.

Der Weg aus der Angst zu Gesundheit und Erfolg ist nicht durch Anstrengung gekennzeichnet, wohl aber durch vollständige Bereitschaft zur Veränderung und Klarheit über die eigenen Ressourcen, Ziele und die Vision. *Von der Last der Verantwortung in die Lust zur Erfahrung. Das ist' s!*

Wege in die eigene Kraft

- *Welche Fähigkeiten und Fertigkeiten habe ich?*

- *Was alles habe ich in meinem Leben gelernt?*

- *Mudras*

- *Musik*

- *Nichtstun*

- *Regelmäßigkeit*

- *Regelmäßige und achtsame Pflege meiner Kraftquellen*

- *Ruhe, tiefe Ruhe und Gelassenheit und Meditation*

- *Ziele und Teilziele*

- *Großzügigkeit*

- *Vertrauen zu sich selbst und in die eigene Vision im Leben*

- *Angemessene Strategien für das ganze Leben, für Teilbereiche: Lebe ich die richtige Strategie, mit der ich meinen Erfolg auch erreichen kann oder boykottiere ich mir „gerne" meinen Erfolg?*

- *Gesundes, informiertes, von der Natur und mir selbst gesegnetes (!) Wasser trinken.*

Segen spenden und empfangen

Segne Deine ganze eigene Geschichte und schließe sie in dein Herz ein, vergib´ Dir und allen Menschen deine und unsere Missverständnisse und sei bereit für einen Neubeginn. Mit der folgenden Affirmation schenken wir uns und einander einen Freiraum, Missverständnisse als reine und emotionslose Erfahrung einzuordnen und als Ausgangspunkt künftiger sinnvoller Entscheidungen zu nutzen.

Erbitte den Segen Deiner Ahnen. Dieses Ritual hilft, die innere Anbindung an die eigenen Ahnen zu finden. Wähle dir deine Eltern aus oder Stellvertreter, die Dein ganzes Vertrauen genießen, sie mögen hinter Dir oder vor Dir stehen und Du solltest vor ihnen knien und ihren Segen erbitten und empfangen. Dieser Segen ist das dir ausgesprochene Vertrauen in deine ganze eigene Friedens- und Schaffenskraft und Du wirst noch einmal ganz bewusst und mit aller Zustimmung Deines und ihres ganzen Herzens in die Gemeinschaft deiner Ahnen eingegliedert. Es ist wie eine Einweihung: du wirst dich deiner inneren Kräfte und Verbindungen bewusst und du kannst diese Kräfte plötzlich auch für dich und andere nutzen. Diesen Segen kann man auch gegenüber Mitarbeitern und Freunden einsetzen, die sich von ihren eigenen Kräften und von ihren Mitmenschen verlassen fühlen. Immer wie der spüren beide, Segensspender und Segensempfänger, die innere eigene Verbindung wieder die es wiederzufinden galt. Auch der Dank und das Vertrauen innerhalb eines Teams kann auf diese Weise wiederhergestellt werden und weiterwachsen.

Einladung und Kontaktaufnahme mit dem Unbekannten

Lade deine Wunschgäste oder jenen, noch unbekannten Menschen, den du jetzt gerade wünschst, um mit ihm zusammen, gemeinsam, seine wichtigste und deine wichtigste Frage zu lösen, seine und deine Bedürfnisse zu erkennen und gemeinsame Interessen zu finden. Lade ihn innerlich ein, bereite den angemessenen Platz vor und sage laut: *so, jetzt kann kommen, wer immer mir in guter Absicht begegnen will. Er ist eingeladen.* Sind wir vorbereitet, können wir ihm frei begegnen. Äußerlich steigern wir die Energie des Platzes für hilfreiche Freunde und Unterstützung mit Mineralien, Halbedelsteinen, Fotos von Freunden, mit einem Bild von einem Telefon und Faxgerät.

Nur ehrliche Leute sind willkommen: ein achteckiger Spiegel an der Außenwand des Hauses spiegelt alles, was ein Besucher mitbringt. Er signalisiert jedem, der eintritt, auch den Hausbewohnern, stets, dass die Gastgeber und die Schutzgeister des Hauses ihn beobachten und auf seine Authentizität achten. Die achteckige Form zeigt ihm, dass kein Lebensbereich unbeobachtet bleibt. Jede unbewusste und bewusste Unstimmigkeit oder Unwahrheit wird beim Eintritt in das Haus erkannt und gespiegelt.

So kann der Eintretende sein Verhalten korrigieren und seine Absichten prüfen. Dies trainiert zu Ehrlichkeit und Konstruktivität. Es erscheint wundersam, welchen Effekt diese Einladung hat und wie alle gefordert sind, ehrlich und integriert zu sein und zu bleiben.

Versöhnung mit Dir selbst, allen Anteilen Deines Inneren Kindes, incl. Schwangerschaft - und mit Deinen Ahnen

In diesem Abschnitt will ich die Bedeutung eines Versöhnungsrituals ansprechen, das Grundlage sein kann für eine generelle Veränderung unserer Lebenseinstellung. Wer mit anderen oder mit seinen Lebensumständen unzufrieden ist, ist immer primär mit sich selbst, mit den eigenen Bewertungen und daraus resultierenden Erfahrungen unzufrieden. Er konnte sein Leben noch nicht so gestalten, wie er es gerne würde. Dies führt bei fast allen Menschen zu einer ganz existenziellen Unzufriedenheit, die einen viele Lösungen nicht erkennen lässt, die vor der eigenen Nase liegen. Sei es, weil er seine Möglichkeiten nicht kennt oder weil er sie kennt, aber aus Angst durch andere nicht nutzen konnte bzw. nicht nutzen durfte.

Es ist nicht jedermanns Sache, sich gegenüber gewalttätigen Einflüssen von einem so genannten "Außen" zu wehren, doch jeder weiß, dass er dies „eigentlich" gewollt hat und er es hätte tun müssen, um zu seinen eigenen Zielen zu gelangen. Manchmal braucht es sehr viel Mut und sei es den Mut der Verzweiflung, eben einen dieser Schritte auch tatsächlich zu tun.

Jeder von uns hat ein Schicksal, das wir so nennen, weil es wichtige Erfahrungen enthält auf einem Weg zum „Heilsein", zur absoluten und vollkommen friedlichen Einheit mit allem. Was uns dabei oft ärgert und frustriert, ist, dass wir oft es einfach nicht schaffen, konsequente Schritte in eine gewählte Richtung zu tun, sondern dass wir immer wieder stolpern. Aber so ist das Leben: ein Sammelsurium von Erfahrungen und vor allem von Emotionen, und wir können mit den genannten Übungen ein Stück Klarheit und Lösungen finden. Ist doch was.

Übung

Die folgende Übung kann es uns leichter machen, uns selbst und unseren Missverständnissen, unseren angeblichen Fehlern und Schattenseiten, neu zu begegnen: mit Verständnis; wir neigen dazu, für vieles Verständnis zu haben nur nicht für uns selbst. In der folgenden Übung stellen uns vor einen Spiegel, so wie wir sind und umarmen uns so lange, wie wir dies aushalten. Dabei sprechen wir folgende Affirmation, die wir auswendig lernen sollten oder wir bitten einen Freund oder eine Freundin, den Text laut vorzulesen:

Mein liebes Kind (mein lieber Freund, mein lieber Mitarbeiter....),
in Gottes und in meinem Namen und im Namen aller Deiner Eltern, Großeltern, Urgroßeltern und all der Ahnen, die ihnen vorausgingen, gebe ich Dir an ihrer Stelle ihren Segen, ihr ganzes Vertrauen.

Alles Schwere, das Du in Deinem geistigen Erbe übernommen hast, das Du Dir in bester Absicht genommen hast und das Dir übertragen wurde, geht nun wieder dorthin zurück, woher es kam und es wird in Frieden zum Besten des Großen Ganzen gewandelt.

Genieße Dein ganzes Leben die Kraft der Liebe, die aus deiner Herkunft kommt und mehre sie, in dem Du diese Kraft dankbar siehst, annimmst, Dich unbeirrbar von ihr tragen und führen lässt und sie weiterschenkst.
Alles Gute will und darf sich nun aus dieser Kraft heraus entwickeln. Siehe Deine Gute Absicht in Allem und Dein Ziel, glücklich zu sein. Du hast das Göttliche Recht und den Auftrag, tief in Dir glücklich zu sein, Deine innersten Anliegen zu erkennen und zu leben, zur Freude und zum Nutzen für das Große Ganze ohne Erinnerung an das Schicksal anderer.

Deine Entscheidungen sind grundsätzlich richtig und Dein Glück beschenkt Dich und alle Deine Mitmenschen und die ganze Schöpfung, ohne Ausnahme. Nun gebe ich Dir in vollem Bewusstsein und mit klarem Herzen meinen Segen und den Segen aller Deiner Ahnen. Ihren und meinen Frieden gebe ich Dir. Amen.

Wie vielfach angesprochen, wirken die Erlebnisse unserer Ahnen und insbesondere unserer Stammfamilie Tag und Nacht in uns, sie sind uns immer nahe und niemand kann verloren gehen, nur in unserer Erinnerung, in unserer bewussten Wahrnehmung. Dieses Wissen ist die Basis unserer Entwicklung von klein auf und begleitet uns freudvollerweise rund um die Uhr oder doch wenigstens in jenen Augenblicken, in denen wir diesen unseren Erzeugern und Vorbildern angemessen, also mit Dankbarkeit und Respekt, mit Liebe und Anerkennung in unseren Gedanken und Gefühlen begegnen.

Die tägliche Begegnung mit unseren Ahnen ist die Begegnung mit den eigenen Existenzgrundlagen, ohne diese Menschen wären wir selbst nicht da. Sie haben alles auf sich genommen, nur um unsere Existenz als solche zu ermöglichen, was gar nicht hoch genug geschätzt und täglich bedankt werden kann. Sie haben aber auch in der Entwicklung ihrer Gesellschaften unendlich gelitten, damit unser Bewusstsein heute soweit gereift sein konnte wie es ist.

Daraus erwächst einmal die Verantwortung, sich täglich dieser Zusammenhänge bewusst zu sein und dafür zu danken, die Geschenke der Ahnen zu erkennen sich mitsamt der ganzen Familie, auch uns selbst, zu ehren. Alle diese oft versteckten Kraftquellen gilt es zu erkennen und zu nutzen, um Frieden und Gesundheit in unseren Beziehungsgefügen zu ermöglichen. Das Wort „Fügung" zeigt hier einen Zusammenhang, der die Bedeutung des Familienfriedens widerspiegeln kann.

Dankbarkeit an die eigenen Ahnen ist ein Ausdruck unserer eigenen Bereitschaft zu einer Friedensbewegung in der Familie und somit in unendlich weiten Wirkungskreisen.

Verstehen und sich Versöhnen

Die Tafel „Familie und Entwicklung" im Anhang zeigt, welche Mitglieder in unserer Stammfamilie es gegeben hat und teilweise in uns wirksam sind. Nimm in einer stillen Stunde diese Tafel, kopiere sie auf ein großes Blatt Papier, lege es auf den Boden und stelle dich mit bloßen Füßen darauf. Es lohnt, für dieses Blatt einen stabilen Karton zu nehmen oder zu laminieren, damit es immer wieder verwendet werden kann.

Versenke Deine ganze Aufmerksamkeit in Dir und konzentriere Dich mit aller Kraft, Freude, Gelassenheit und Dankbarkeit auf alle, die in der Tafel zu finden sind, die es in unserer Vorgeschichte gab. Am besten ordne jedem Familienmitglied seinen wirklichen (wirksamen) Namen und ein Bild zu, damit Dein Inneres sich eine optimale Vorstellung machen und diese Bezüglichkeit mit eigenen Emotionen ausgestalten kann. Deine Emotionen schaffen die Realität deines Seins und somit deine eigene Lebensqualität.

Umarme Dich nun selbst in der sicheren Gewissheit, dass wir selbst in dieser Übung und in jeder Sekunde von diesen Vorbildern getragen werden und jeder seinen Beitrag dazu geleistet hat, so gut er konnte. Mit einfachen und absolut ehrlichen Worten bedanke Dich bei allen Personen für die Erfahrungen und all die positiven Impulse, die sie Dir als ihr Erbe mitgegeben haben.

Bitte um Vergebung für die zahlreichen Missverständnisse,

die in diesem Wirrwarr der Zeiten, der Geschehnisse und der Beziehungen entstanden sind und bitte alle Wesen um Klärung, Lösung und Vergebung vieler unbewusster Fixierungen in Hass, Zorn, Angst und Trauer.

Die Mitte

Die Mitte, die wir in unserem Leben erreichen wollen, ist eine Mitte zwischen den starken Polen, zwischen denen wir uns hin und her gedrängt, geschoben und oft genug zerrissen fühlen. Diese Polarität ist das grundlegende Spannungsmoment unseres Lebens, das uns in Bewegung bringt und hält. Leben ist der Impuls, der uns ein Bewusstsein von Zeit, von Abläufen, von Entwicklung und Abläufen schubst, darin hält und uns ein lineares Weltbild mit Wegen von A nach B, ein Oben und ein Unten, ein Hier und ein Dort beschert.

Die Art, wie wir dieses Leben zwischen den Polen gestalten, ist für unsere Lebensqualität entscheidend. Wir können das WIE entscheiden und gestalten, dafür haben wir einen freien Willen; das WAS hat die Schöpfung längst entschieden und sie alleine entwickelt dieses WAS weiter, rascher und klüger als unsere Vorstellung jemals reichen wird.

Unsere alltägliche Freude und Leichtigkeit ist das Ergebnis einer Kunst, sich selbst die Dinge freudig und leicht gestalten zu können. Dies verlangt Übersicht und eine Anleitung, wie wir uns unseren Tagesablauf, unseren Lebensablauf grundsätzlich gestalten können, damit wir den Erfolg auch erleben, den wir uns und allen anderen wünschen: Dankbarkeit, Selbstvertrauen, Gelassenheit, Heiterkeit, Freude, Achtsamkeit, Leichtigkeit, Zuneigung und Respekt. Vielleicht sogar in dieser Reihenfolge. Eine entscheidende Grundlage dafür ist die Anerkennung dessen, was ist und zunächst auch, wie es ist. Dies führt uns immer wieder zu einem Schritt weiter in ein Weltbild der Anerkennung, aktive und bewusste Anerkennung für alles, was ist. Diese Anerkennung können und sollen wir mit Dankbarkeit leben, dem wichtigsten Zahlungsmittel für alle „Leistungen", die wir so miteinander auf die Beine bringen:

Bereitschaft, Leben schenken wollen und Liebe im Zeugungsakt, Begleitung auf einem Reifungsprozess im Mutterleib, die Geburt selbst und Augenblicke, in denen wir alle in unserer ganz großen Familie unsere Zusammengehörigkeit bestätigen, wiederfinden und verankern können. Können, mögen oder dürfen wir diese Erwartung eines Neugeborenen, in jedem Augenblick von allen gehalten zu werden, nicht oder nur bedingt erleben, entstehen oder verstärken sich entscheidende Zweifel an der Verbindlichkeit und der Verlässlichkeit der Welt: das Grundvertrauen des Neugeborenen kann zutiefst erschüttert werden.

Dieses setzt sich oft genug in allen anderen Lebenssituationen fort, in denen ein Neubeginn gewagt werden könnte und soll: in allen Lebensbereichen der eigenen Entwicklung kann es zu einem Abbruch der besten Bemühungen kommen, weil der Zweifel im Hintergrund am Erfolg und an der Verbindlichkeit der jeweiligen Lebenspartner nagt.

Das Angenommensein eines Neugeborenen ist weitaus mehr als nur das Licht der Welt erblicken: es gibt dem Kind die Körpergewissheit, von allen willkommen geheißen zu sein. Fehlt diese körperlich erfühlte Herzlichkeit oder steckt diese in Zweifeln, oder wird sie aus angeblich medizinischen und / oder organisatorischen Gründen nicht erlaubt, versagt man der Familie ein Sakrament, das die Gewissheit der Zusammengehörigkeit injiziert und die 100%-Zustimmung zu diesen Eltern unterbindet.

Verabschiedung von Traumata mit Wind und Wasser

Nimm deine Emotionen sprichwörtlich in die eigene Hand (Verantwortung). Schreibe sie auf und lass´ sie im Wind davonfliegen. Oder du gibst deine Konflikte mitsamt dem Zettel nach alter Tradition der Chinesen in einen Fluss; er wird deine Sorgen, Trauer oder Wut ins Meer und am Horizont in den Himmel bringen. Wünsche den alten Gedanken eine gute Reise! Das ist sehr einfach und funktioniert erstaunlich oft und gut.
Wichtig ist hierbei, dass du dich freiwillig von deinen Emotionen verabschiedest und sie sich dadurch von dir lösen können. Die Emotion tut dabei jedoch eigentlich nichts, wir lösen nur das selbst auf, was wir erfolgreich erschaffen haben. Es ist eine Vertrauensübung, eine Übung, mit der man ungehindert und immer wieder Selbstermächtigung üben darf, ohne Angst vor Strafe. Das Schlimmste, was passieren könnte, ist, dass du in der Emotion verbleibst, allerdings mit deutlich mehr Abstand als zuvor.

Der Trick mit dem „Schild"

Diese Übung hat einen ähnlichen Effekt, der im Alltag wenig Zeit kostet und einfach praktisch ist. Ein Schamanisches Schild hat zur Aufgabe, ein Problem eindeutig bis krass bewusst zu machen und somit eine emotionale Umkehr einzuleiten.

Es gilt der Grundsatz, besonders bei allem, was uns belastet: wahrnehmen und anerkennen wollen, was wirksam ist. Kennen wir unser Problem nicht, können wir abwarten, welche Spiegelungen das Leben so bringt und ob wir erkennen, was es zu erfahren gilt oder nicht.

Vorgehensweise: Wähle ein Thema, eine Frage, ein Problem oder eine Emotion, die du lösen möchtest; auch hier benenne das Thema wieder so präzise wie möglich und mit nur einem einzigen Wort.

Nimm zwei Zettel und male in jeden Zettel einen Kreis, rund und geschlossen; zudem einen Querstrich als Bruchstrich mittendrin.

Schreibe in die obere Hälfte des ersten Zettels das Problem und in die untere Hälfte die Ziffer „1". Beim zweiten Zettel schreibe die „1" ins obere Feld und das Problem in die untere Hälfte. In diesem letzteren Moment geschieht Folgendes:

Du beweist dir augenblicklich selbst, dass eine Änderung der Wertigkeiten, der Bewertungen des Problems möglich ist.

Mehr noch: du entscheidest dich für eine vollkommene Umkehrung der Ausgangslage.

Wenn beide Zettel nebeneinanderliegen, kannst du deinen Erfolg betrachten: du hast die Situation eindeutig verändert, du bist ins Beschließen und Handeln gekommen; niemand sonst hätte das mit dieser Wirkung auch für dich tun können! Nach allen gültigen Regeln der Mathematik hast Du selbst Dein (vermeintliches) Problem schriftlich gelöst. Die Multiplikation der Inhalte beider Zettel ergibt immer eine „1" als Symbol der Einheit und der Gleichwertigkeit und der Lösbarkeit aller angeblichen Probleme in der Einheit. Wir führen uns selbst einen Lösungsweg vor zu einer Einheit, in der wir ein vermeintliches Problem als „egal" (gleichwertig, nicht aufregenswert) einordnen lernen.

Tipp: stets zwei kleine Zettel mit sich tragen und einen Stift; damit kann man für den Augenblick fast jedes Problem handhaben.

Der Trick mit dem Regler

Beschreibe, so selbstehrlich wie nur möglich, deine Stimmung oder ein Problem, aber nur mit einem Wort. Dieses Wort schreibe auf die linke Seite auf einem Blatt Papier. Ebenso verfahre mir einem Ziel, einer Zielemotion, so, wie du dich fühlen willst, wenn du am Ziel angekommen bist. Immer sind es eigentlich die gleichen Ziele oder einander sehr ähnliche Ziele, immer sehnen wir uns nach mehr Selbstvertrauen, Gelassenheit, Heiterkeit, Freude, Leichtigkeit, als Grundlage unserer Zufriedenheit.

Eines oder mehrere dieser Worte werden auf der rechten Seite des Blatts bewusst als Ziel benannt und notiert.

Nun nimm einen Gegenstand in die Hand, der sich wie ein Schalter, ein Regler anfühlt. Diesen Regler legst du so auf das Papier, dass er gezielt auf den Stressbegriff in der linken Bildhälfte zeigt; nimm mit deinem ganzen Herzen und Vorstellungsvermögen diesen Regler und stelle ihn mitsamt diesem Regler innerlich und auch äußerlich auf das Problem ein, das auf der linken Seite des Blattes steht.

Stelle dir einen solchen Regler vor deinem geistigen Auge intensiv vor. Fühle dich tief in dein Anliegen hinein und erfühle die Anspannung, den Stress, wo und wie und wie intensiv auch immer du es in diesem Augenblick zulassen kannst und magst. Schließe kurz die Augen, erfühle ganz kurz und intensiv die Situation, öffne wieder die Augen und stelle den Regler langsam, kontinuierlich, bewusst und freiwillig nach rechts in Richtung Zielemotion, die du ja auf das rechte Blatt geschrieben hast.

Indem du dich ganz bewusst entscheidest, überhaupt etwas ändern zu wollen, hast du den ersten und damit wichtigsten Schritt zur Veränderung getan und somit bewiesen, dass du diese eine eigenständige, selbst und freiwillig gewählte neue Wahl treffen kannst - und getroffen hast.

Ab jetzt kannst du nie wieder so tun, als ginge das nicht; denn du hast es ja in diesem Augenblick bereits getan und somit bewiesen, dass du dich immer, wenn du es wirklich willst, dich immer und überall grundsätzlich für eine neue Emotion entscheiden kannst. Das ist gut!

Durch deinen Entschluss zur Veränderung ist der Erfolg bereits eingeleitet. Wiederhole eventuell die Reglerumstellung so lange, bis du ganz sicher bist: jetzt habe ich mich freiwillig und gerne und zu 100% aus der ungünstigen Emotion herauskatapultiert.

Feiere jeden solcher Erfolge mit einem Glas Sekt oder dergleichen, denn dieser bewusst erlebte und mit einer Belohnung abgeschlossene Vorgang muss auch auf der Körperebene mit einem „Anker" verbunden sein, damit er „wirklich integriert" ist und sowohl als Erinnerung als auch als Körpererfahrung immer wieder abrufbar ist. Liebe geht durch den Magen, (genauer: Hara-Zentrum), hier ist das genauso. Von dort aus geht sie ins Universum...

Öko-Check

Hast du eine Idee oder einen Entscheidungskonflikt, kann der Öko-Check weiterhelfen. Am besten, du malst eine MindMap dazu, ein Bild, eine Graphik, in die die Ergebnisse zu den folgenden Fragen eingetragen werden. Mitsamt einem Stichwort für die innere Stimmigkeit mit dem Ergebnis oder eine passende Emotion. Die Fragen lauten:

Was wäre, wenn etwas (Erwünschtes / nicht Erwünschtes) einträte?

Was wäre nicht, wenn etwas (Erwünschtes / nicht Erwünschtes) einträte?

Was wäre, wenn etwas (Erwünschtes / nicht Erwünschtes) nicht einträte?

Was wäre nicht, wenn etwas (Erwünschtes / nicht Erwünschtes) nicht einträte?

Bitte schreibe dir jeden deiner Schritte auf, damit keine wichtigen „Kleinigkeiten" verloren gehen. Nun wird dir deine Situation klarer, somit die Entscheidung. In wenigen Tagen Übung geht das in Sekunden schnelle. Bitte respektiere deine Herzensentscheidung, deine Intuition und überrumple dich nicht wieder.

Interessanterweise kann jede Wiederholung dieser Fragen übrigens zu einem neuen Ergebnis führen; das ist biologisch korrekt, denn energetisch verändert sich vieles alleine durch unsere Wahrnehmung beim Lesen, Denken und Fühlen. Jeder „Durchgang" kann zu maximal 70% zu einer anderen Antwort führen.

Bedenken wir immer wieder, wie viele Informationskomplexe, HIEKs bei einem einzigen Gedanken und Gefühl beteiligt sind: mindestens tausende winzig kleine Erfahrungen und innere Bezüglichkeiten sind mit am Werk.

Selbstbefragung nach Byron Katies

Die Autorin Byron Katies beschreibt in ihrem Buch „*The Work*" ein System von vier einfachen Fragen, mit denen wir unsere eigene Wahrnehmung auf ihren Wahrheitsgehalt hin prüfen können. Dies gibt Gelegenheit, sich der eigenen Subjektivität bewusst zu werden, mit der wir uns unsere Wirklichkeit und Emotionalität aufbauen.

Byron Katies stellt die Fragen, die wir uns jeden Tag immer wieder stellen können, wobei alleine das Fragen bereits zu einer Veränderung der eigenen inneren emotionalen Grundhaltung führt: wir beginnen nämlich bei jedem Erlebnis zu hinterfragen, ob wir das, was wir erlebt zu haben glauben, auch wirklich erlebt haben.

Das Hinterfragen des vermeintlich Erlebten erinnert daran, dass jede unserer Wahrnehmungen eine Selbstgebastelte ist Die vier Fragen lauten:

Ist es wahr, was ich gerade erlebt habe?

Kann ich wirklich wissen, dass das wahr ist, was ich erlebt habe?

Wie reagiere ich, wenn ich diesen Gedanken denke?

Wer wäre ich, wie ginge es mir ohne diesen Gedanken, ohne diese Überzeugung?

Letztlich folgen die letzten Übungen dem gleichen Prinzip: ich behaupte zunächst eine Bewertung, dann erlaube mir eine neue Vorstellung und dann führe ich mich entweder in eine neue Entscheidung und Bewertung oder zumindest in die absolute Verunsicherung, ob ich überhaupt etwas erlebt habe. Alles Kopfkino, alles. Und daher sind alle diese Anleitungen so wirksam.

Unsere Wahrnehmung findet nur im Kopf statt; da muss man gar nicht weit gehen oder fahren. Mut ist, *seelischgeistig-körperlich* anwesend und beim Thema zu bleiben. *Byron Katie´s* Methode ist eine Offenbarung; sie hilft, vermeintliche Fehler in der Gestaltung unserer Wahrheit zu entdecken und führt uns in eine ungewohnte Kommunikation mit uns selbst; wir zweifeln oft mit ihr an unserer Wahrnehmung, finden das aber geradezu noch spannend und lustig. Einfach, liebevoll, immer nur authentisch und immer im Fluss einer biologischen Diskussion.

Das ist eine schöne und effektive Führung durch die Matrix und unsere Fähigkeiten. Immer ist auch wichtig zu beachten, dass unsere Wahrnehmung immer eine rein subjektive ist und immer „nur" von uns selbst gestaltet wird. Dieses „nur" muss man ja aber erst mal schaffen... und sich zu sich selbst bekennen, ohne sich zu schämen!

EFT - Emotional Freedom Technique nach Gary Craig

In dieser Technik machen wir uns ein schlimmes Erlebnis intensiv bewusst, fühlen uns intensiv hinein, binden eine Kurzbeschreibung unserer Emotion in einen so genannten Bedingungssatz und vervollständigen diesen mit Craigs Standardsatz, der nun schon viele Jahrzehnte unendlich vielmals sehr gute Dienste geleistet hat und daher auch so übernommen werden darf.

Ein Beispiel, das für jeden von uns gültig sein dürfte: Angst vor dem Tod; bei dem einen Leser weniger, bei einem anderen mehr. Unser Beispielsatz könnte somit lauten:

Auch wenn ich solche Angst vor dem Tod habe, ...

In jeder Übung wird dieser „Bedingungssatz" oder „Einleitungssatz" mit dem Standard-Lösungssatz verbunden:

...liebe und anerkenne ich mich so wie ich bin.

Dabei wird immer wieder und so lange eine bestimmte Bewegungsabfolge mit den Augen und den Fingern durchgeführt, bis wir das Gefühl von Befreiung und Erleichterung erleben und wir uns selbst aus unserer bisherigen emotionalen Fixierung getrennt haben.

In einem späteren Teil der Übung kann man diese Erfahrung auch in die Vergangenheit setzen. Beispiel: Somit schaffen wir im Laufe der Übung einen inneren Abstand zu dem Erlebten:

„Auch wenn ich früher eine solche Angst vor dem Tod hatte..., liebe und achte ich mich jetzt so wie ich jetzt bin".

Eine ausführliche Anleitung dazu findet sich zahlreich im Internet. EFT hilft, auch schwerste Stresserfahrungen in ein gutes Gefühl von Distanz zu dem Ursprung des Erlebten zu wandeln, das hat *Gary Craig* tausende Mal bewiesen, indem seine Methode bei der Auflösung beispielsweise von Traumata aus dem Vietnamkrieg entscheidend geholfen hat.

Dies gelingt, in dem an bestimmten Punkten die Körperoberfläche durch Klopfen in Schwingung gebracht wird. Dies wiederum führt zu einer intensiven Erinnerung der belastenden Emotion und des Erlebten und ermöglichst im Rahmen der Übung eine Neubewertung und somit einen anderen Umgang mit dem alten Konflikt. Auch in dieser Übung ist die bewusste Entscheidung, sich selbst bewusst von der alten Emotion zu lösen, einer der entscheidenden Punkte. Mit dem Satz, liebe und achte mich so wie ich bin entscheidet man sich wieder für die Selbstachtung und holt sich durch die Wiederholung aus einem tiefen Gefühl von Schuld und Verzweiflung.

Die EFT Klopftechnik und ihre Abwandlungen haben sich in allen Lebenssituationen bewährt: sie sind einfach, zielgenau und führen immer, wie die anderen Techniken zuvor auch, zu dem Bewusstsein, dass man selbst etwas ganz Entscheidendes zu seiner Lösung beigetragen hat; dies macht Mut, seinen Weg in die Eigenständigkeit weiter zu gehen und sich selbst immer mehr zu einem guten Berater für sich selbst zu machen.

Die regelmäßige Anwendung von EFT kann auch gut als vorbeugende Gesundheitsmaßnahme genutzt werden, es handelt sich somit zusätzlich um eine Methode zur erfolgreichen Generalsanierung des gesamten Energiesystems eines Organismus´.

Halte- und Klopftechnik in der "Systematik Integrale Gesundheit" (SIG nach Wollinger)

Die Grundlagen für die Haltetechnik ergaben sich aus der Klopftechnik nach Gary Craig.

1. Vorbereitung und Einstimmung

Ein Problem oder Thema wird in Deine eigenen Worte gefasst und mit einem Einstimmungssatz als sogenannter Bedingungssatz formuliert, wobei das vorherrschende Gefühl ganz deutlich zum Ausdruck kommen muss. Dabei wird die rechte Hand auf das Herz gelegt, ein Finger auf einen schmerzhaften Punkt im Herzbereich. Dann wird das benannte Problem auf einer Bewertungsskala von 1 bis 10 eingestuft und in seiner ganzen Schmerzhaftigkeit „unter den eigenen Fingernägeln" gefühlt. Die Zahl 1 bedeutet geringe (emotionale) Schmerzen, die 10 steht für eine extreme Belastung.

2. Bedingungs- und Lösungssätze

In der Liste der Bedingungssätze findest Du intuitiv und spontan jene drei wichtigsten Ziffern, die für

Deine drei wichtigsten Anliegen stellvertretend stehen; in der nachfolgenden Liste der Lösungssätze findest Du Deine drei wichtigsten Lösungsansätze. Somit benenne, für Deine drei wichtigsten inneren Anliegen und Probleme, die drei wichtigsten Zahlen von 1 bis 212 (Liste I) und dann die drei optimalen Lösungssätze aus der Zahlenreihe von 1 bis 186 (Liste II).

Nun werden die drei gefundenen Bedingungssätze und die drei Lösungssätze in die folgende Struktur eingebracht:

Obwohl

(hier folgt der erste Bedingungssatz ...,)
(hier folgt der zweite Bedingungssatz ...,)
(hier folgt der dritte Bedingungssatz ...)
liebe und anerkenne ich mich wie ich bin (Standardsatz)
(hier folgt der erste Lösungssatz ...,)
(hier folgt der zweite Lösungssatz ...)
(hier folgt der dritte Lösungssatz ...)

Diese Sätze werden laut gelesen, vernimm deutlich Deine eigene Stimme, nehme bewusst alle Schwingungen wahr, die sich Dir beim Sprechen zeigen wollen und die Emotionen, die dabei frei werden; nimm sie einfach an und genieße die Befreiung, die Du spürst.

Nun werden drei Punkte sanft mit den Fingerkuppen gehalten, die sich Dir in dieser Sekunde als richtig und

angemessen zeigen, die Du als wichtig und richtig
erspürst. Die Auswahl der Punkte erfolgt spontan und
intuitiv.

Der erste „Punkt" ist der „Seelenpunkt". Er liegt in
Deinem Körper oder irgendwo auf Deiner Körperoberfläche oder in Deiner Aura, in Deinem Energiefeld um
Dich herum; halte ihn sanft mit der rechten Hand.
Bleibe in Beziehung mit ihm und genieße seine Aus-
strahlung, seine Wirkung in Dir, bis ein Gefühl von
tiefer innerer Ruhe und von Frieden entsteht. Die linke
Hand lege auf Dein Herz. Spüre die innerste Beziehung
zu Deiner Seele.

Den zweiten Punkt ordnen wir Deinen Geistigen
Ebenen zu, Deinen Dir wohlgesonnenen astralen und
geistigen Kräften; auch hier wird die linke Hand aufs
Herz gelegt, die rechte Hand umfängt den Punkt für
die Geistigen Ebenen; dies so lange, bis ein tiefes Gefühl von Geborgenheit, von Führung und Schutz durch
Deine Geistigen Helfer entsteht. Lass dieses Gefühl
lange in Dir wirken, bis zu Dich geborgen und gut
geführt fühlst.

Der dritte Punkt dient der Umsetzung der Energie und
der Erfahrung der ersten beiden Punkte in Deinem
Körper; lege somit die linke Hand aufs Herz, die rechte
findet einen Punkt für Deine körperliche Ordnung und
Harmonie irgendwo in Dir oder um Dich herum

Nach drei, vier oder auch mehr Wiederholungen
der ganzen Satzreihe, der Bedingungssätze und der
Lösungssätze, erlebst Du eine deutliche Erleichterung;
diese kann sich in einem tiefen Atemzug, in der Veränderung vom Haltung und Mimik zeigen, auch in einem
Lächeln oder Lachen, am liebsten in Bewegungen, in
denen Du Dich von Deinen Altlasten befreist: in tanzenden Bewegungen, evtl. in Luftsprüngen. An dieser
Stelle mag nicht mit starken Ausdrucksformen gespart
werden, sie verankern das Erfolgserlebnis der eigenen
Befreiung in allen Ebenen.

Nun wird eine nächste Bewertung vorgenommen: die
Beschwerden werden nacheinander in ihrer Schmerzhaftigkeit bzw. emotionalen Belastung neu bewertet,
auf der oben benannten Skala von 1 bis 10

Diese Übung kann beliebig oft wiederholt werden, bis
die Beschwerden restlos weg sind.

3. Kurzfolge

Wann immer ein bereits bearbeitetes Thema im Alltag
wieder auftaucht, hilft folgende Kurzform wieder rasch
aus dem alten Gefühlsmuster heraus und in das neue
Gefühl hinein.

Benenne das zentrale Stressthema, bspw. **Wut über**
…, dann das beste Wort für die schönste vorstellbare
Lösung, beispielsweise **Frieden** oder **Vergebung** oder

Liebe und klopfe bzw. halte sanft alle drei gefundenen Punkte (Seelenpunkt, Geistespunkt, Körperpunkt).

Im Folgenden findet sich eine Auswahl von bewährten Bedingungs- und Lösungssätzen. Finde maximal drei von jeder Liste, die Dich intuitiv ansprechen und schreibe sie Dir auf.

Liste I   Bedingungssätze 1 - 213

Auch wenn ich / Obwohl ich

1. *„damals"* eine solche Angst in mir gespürt habe

2. *„damals"* eine solche Sorge in mir gespürt habe

3. *„damals"* eine solche Trauer in mir gespürt habe

4. *„damals"* eine solche Wut in mir gespürt habe

5. *„damals"* einen so tragischen Fehler gemacht habe

6. *„damals"* so etwas Schlimmes erfahren habe

7. *Angst habe, Verbotenes zu tun / getan zu haben*

8. *Angst habe, zurückgewiesen, zurückgestoßen zu werden*

9. *Angst hatte / habe / habe, abhängig gemacht zu werden*

10. *Angst hatte / habe / habe, alleine bleiben zu müssen*

11. *Angst hatte / habe und glaubte / glaube, schuldig zu sein*

12. *Angst hatte / habe, schuldig zu werden*

13. *Angst hatte / habe vor dem Tod*

14. *Angst hatte / habe vor der eigenen Macht*

15. *Angst hatte / habe vor der Zukunft*

16. *Angst hatte / habe vor einem schlimmen Unglück*

17. *Angst hatte / habe vor einem Unfall*

18. *Angst hatte / habe vor einer Auseinandersetzung*

19. *Angst hatte / habe vor einer Trennung*

20. *Angst hatte / habe vor einer unbestimmten Zeit, ein unbestimmten Zeitpunkt*

21. *Angst hatte / habe vor einer/m bestimmten Zeit, Zeitpunkt*

22. *Angst hatte / habe vor Streit*

23. *Angst hatte / habe vor Vergeltung*

24. *Angst hatte / habe, abgelehnt zu werden*

25. *Angst hatte / habe, alles zu verlieren*

26. *Angst hatte / habe, aufhören zu müssen*

27. *Angst hatte / habe, ausgenutzt zu werden*

28. *Angst hatte / habe, beiseitegeschoben zu werden*

29. *Angst hatte / habe, beleidigt zu werden*

30. *Angst hatte / habe, das Zeitgefühl zu verlieren / verloren zu haben*

31. *Angst hatte / habe, das Zeitgefühl zu verlieren / verloren zu haben*

32. *Angst hatte / habe, die Anerkennung meiner Eltern (oder anderer Menschen) versagt zu bekommen (versagt bekommen habe)*
33. *Angst hatte / habe, die angemessene Aufmerksamkeit nicht zu erhalten*
34. Angst hatte / habe, die Verbindung zur Mutter / zum Vater nicht wieder gewinnen zu können
35. Angst hatte / habe, die Verbindung zur Mutter / zum Vater zu verlieren
36. Angst hatte / habe, eine Erwartungshaltung nicht erfüllen zu können
37. Angst hatte / habe, einen mir wichtigen Menschen zu verraten
38. Angst hatte / habe, getrennt zu werden
39. Angst hatte / habe, meine Kontrolle nicht gewinnen zu können
40. Angst hatte / habe, meine Kontrolle verloren zu haben
41. Angst hatte / habe, meine Macht zu verlieren
42. Angst hatte / habe, mich / andere nicht mehr achten und lieben zu können
43. Angst hatte / habe, mich nicht bewegen zu können
44. Angst hatte / habe, mich unbeliebt zu machen
45. Angst hatte / habe, nicht an einem für mich wichtigen Entwicklungspunkt angekommen

46. Angst hatte / habe, nicht an einem für mich wichtigen Ort (Lokalität) ankommen zu können

47. Angst hatte / habe, nicht überleben zu können

48. Angst hatte / habe, nicht verstanden zu werden

49. Angst hatte / habe, ohnmächtig zu werden

50. Angst hatte / habe, schuldig zu werden

51. Angst hatte / habe, unter der Fuchtel zu stehen von

52. Angst hatte / habe, unterdrückt zu werden

53. Angst hatte / habe, verachtet zu werden

54. Angst hatte / habe, vergewaltigt zu werden

55. Angst hatte / habe, verraten worden zu sein

56. Angst hatte / habe, verraten zu werden

57. Angst hatte / habe, verstoßen zu werden

58. Angst hatte / habe, verurteilt zu sein

59. Angst hatte / habe, verurteilt zu werden

60. Angst hatte / habe, vollkommen abhängig zu sein

61. Angst hatte / habe, zerrissen zu werden

62. Angst hatte / habe, zu schwach zu sein

63. Angst hatte / habe, zu spät zu kommen

64. Angst hatte / habe, zu versagen

65. Angst hatte, als böse betrachtet zu werden

66. aus gewichtigem Grund meine Bedürfnisse übergangen, selbst abgelehnt / verlacht / verraten zu haben
67. das Gefühl hatte / habe, nicht akzeptiert zu sein
68. das Leben (das eigene, das Leben anderer) nicht angemessen geschätzt habe
69. die Traurigkeit, die Wut, den Hass, die Rache anderer gespürt habe / spüre
70. durch die Erkrankung (Impfungen, Operationen) (evtl. Tag, Monat, Jahr) und ihre Folgen so gelitten habe
71. ein schlimmes Unglück nicht verkraftet habe
72. eine bestimmte Funktionsweise noch nicht verstanden habe / noch nicht verstehe
73. eine bestimmte Person wegen ... gehasst habe / hasse
74. einen Unfall nicht überwunden habe
75. erschüttert, getroffen war
76. glaubte / glaube, alleine zu sein
77. glaubte / glaube, behindert worden zu sein
78. glaubte / glaube, benachteiligt worden zu sein / zu werden
79. glaubte / glaube, damals so etwas Schlimmes getan zu haben
80. glaubte / glaube, dass etwas nicht erlaubt gewesen sei

81. glaubte / glaube, dass man mir nicht vertraut

82. glaubte / glaube, dass nichts erlaubt sei

83. glaubte / glaube, dass sich Dinge ereignen (ereignet haben), die ich nicht unter Kontrolle habe (hatte)

84. glaubte / glaube, den Kontakt zu verlieren, nicht mehr verbunden sein (mit ...)

85. glaubte / glaube, die Anerkennung (oder anderes Ersehnte) meiner (Eltern, andere Personen) nicht verdient zu haben

86. glaubte / glaube, die Bedürfnisse eines anderen Menschen übergangen habe

87. glaubte / glaube, die Erwartungen anderer niemals erfüllen zu können,

88. glaubte / glaube, eine Situation, ein tatsächliches oder vermeintliches Hindernis nicht überwinden zu können

89. glaubte / glaube, eine Trennung nicht verwinden zu können (getrennt zu werden, worden zu sein)

90. glaubte / glaube, einem Standard entsprechen zu müssen und nicht entsprochen zu haben

91. glaubte / glaube, eine Trennung nicht verwinden zu können (getrennt zu werden, worden zu sein)

92. glaubte / glaube, eingesperrt, eingeengt, eingeklemmt, gelähmt, festgehalten, unbeweglich zu sein

93. glaubte / glaube, erniedrigt worden zu sein
94. glaubte / glaube, ersticken zu müssen
95. glaubte / glaube, es nicht verdient zu haben meine Bedürfnisse anzuerkennen und zu leben
96. glaubte / glaube, etwas mir wichtiges nicht bekommen zu haben
97. glaubte / glaube, etwas nicht verdient zu haben
98. glaubte / glaube, etwas oder jemanden verloren zu haben
99. glaubte / glaube, etwas oder jemanden zu verlieren
100. glaubte / glaube, etwas tun zu müssen, was mir nicht nutzt
101. glaubte / glaube, etwas tun zu müssen, was mir schadet
102. glaubte / glaube, fallen gelassen zu werden
103. glaubte / glaube, falsch oder unangemessen entschieden zu haben
104. glaubte / glaube, geärgert (worden zu) sein
105. glaubte / glaube, gebrochen (worden) zu sein
106. glaubte / glaube, gehasst zu werden
107. glaubte / glaube, in der Liebe und im Spiel von Geben und Nehmen nichts zu taugen
108. glaubte / glaube, jemanden verlassen zu müssen

109. glaubte / glaube, keinen Erfolg verdient zu haben

110. glaubte / glaube, mein Leben oder bestimmte Ereignisse nicht tragen und durchstehen können

111. glaubte / glaube, meine Anerkennung für mich nicht verdient zu haben

112. glaubte / glaube, meine Bestimmung nicht zu leben

113. glaubte / glaube, meine Selbstachtung zu verlieren

114. glaubte / glaube, mich (ständig) rechtfertigen zu müssen

115. glaubte / glaube, missachtet zu werden (worden zu sein)

116. glaubte / glaube, missbraucht zu werden (worden zu sein)

117. glaubte / glaube, misshandelt zu werden (worden zu sein)

118. glaubte / glaube, nicht aufhören zu können

119. glaubte / glaube, nicht das Recht zu haben, mein Leben zu leben wie ich will

120. glaubte / glaube, nicht die Möglichkeiten zu haben, mein Leben zu gestalten wie ich wollte

121. glaubte / glaube, nicht genug Aufmerksamkeit zu erhalten oder erhalten zu haben

122. glaubte / glaube, nicht so sein zu dürfen, wie ich bin

123. glaubte / glaube, nicht überleben und leben zu können aus der Gewissheit innerer Kleinheit, Schwäche, Angst und Feigheit
124. glaubte / glaube, nichts auf die Beine zu bekommen, was von alleine laufen kann
125. glaubte / glaube, nichts geben zu können, um ein Lebensrecht zu haben und zu halten
126. glaubte / glaube, so mit alledem meinen Frieden nie erreichen zu können
127. glaubte / glaube, stets nur etwas Halbes machen zu können
128. glaubte / glaube, tun zu müssen, was ich nicht will
129. glaubte / glaube, überflüssig zu sein
130. glaubte / glaube, überfordert zu sein
131. glaube / glaubte, nicht liebenswert zu sein
132. glaubte / glaube, unangemessen berührt worden zu sein / zu werden
133. glaubte / glaube, und somit ständig Angst haben zu müssen vor Misserfolgen
134. glaubte / glaube, unterfordert zu sein
135. glaubte / glaube, dass ich abgetrieben werden sollte
136. glaubte / glaube, die Familie / die Sippe verraten zu haben

137. glaubte / glaube, die Hilfe anderer zu brauchen und diese Hilfe dennoch nicht annehmen zu können

138. glaubte / glaube, etwas Schlimmes erfahren (getan) habe

139. glaubte / glaube, die Hilfe anderer zu brauchen und diese Hilfe dennoch nicht annehmen zu können

140. glaubte / glaube, nicht so viel Zeit für mich zu haben wie ich will (wollte) und brauch(t)e

141. glaubte / glaube, tun zu müssen, was ich womöglich nicht kann

142. ich mir meine Selbstverantwortung nicht gegönnte hatte

143. mein Verhalten nicht erklären konnte / kann

144. mein Verhalten nicht gutheißen konnte

145. mein Verhalten nicht rechtfertigen konnte / kann

146. meine Bedürfnisse nicht anerkannt habe

147. meine eigenen Antworten nicht annehmen konnte bzw. wollte und mich nicht traute

148. meine eigenen Antworten nicht finden konnte

149. meine Eltern vermeintlich nie erreicht habe

150. meine geschlechtliche Identität noch nicht gefunden haben

151. meine Selbstverantwortung nicht finden konnte

152. meinen Eltern jede Entscheidungskompetenz zugemutet habe / zumute, die ich selbst nicht übernehmen wollte

153. meiner Inkarnation in dieses Leben noch nicht vollständig zugestimmt hatte / habe

154. mich als minderwertig betrachtet habe / betrachte

155. mich ausgeschlossen fühlte / fühle

156. mich ausnutze / ausgenutzt habe / ausnutzen will

157. mich belästigt fühlte / fühle

158. mich beobachtet fühlte / fühle

159. mich einsam fühlte / fühle

160. mich geschämt habe / schäme für

161. mich gestört fühlte / fühle

162. mich getrennt fühlte / fühle

163. mich ignoriert fühlte / fühle

164. mich im Stich gelassen fühlte / fühle

165. mich in diesem Leben nicht willkommen fühlte / fühle

166. mich innerlich leer fühlte / fühle

167. mich isoliert fühlte / fühle

168. mich kaum / überhaupt nicht verstanden fühlte / fühle

169. mich nicht angehört fühlte / fühle

170. mich nicht angemessen unterstützt fühlte / fühle
171. mich nicht ausreichend wahrgenommen fühlte / fühle
172. mich nicht für alt und reif genug hielt / halte
173. mich nicht für eine bestimmte Aufgabe für berufen gehalten hatte / halte
174. mich nicht für fähig hielt, angemessen zu kontrollieren, was auf mich zu kam
175. mich nicht für fähig hielt, mich angemessen zu kontrollieren
176. mich nicht genug beachtet fühlte / fühle
177. mich nicht genug bestätigt fühlte / fühle
178. mich nicht genug geliebt und angenommen fühlte / fühle
179. mich nicht genug gestillt fühlte / fühle
180. mich nicht gewürdigt fühlte, geboren zu werden
181. mich nicht verteidigt fühlte / fühle
182. mich nicht von einer Bindung / Anhaftung befreien konnte
183. mich nicht wirklich akzeptiert fühlte
184. mich nicht wirklich angenommen fühlte / fühle
185. mich oft für krank, abgetrieben, nicht gewürdigt, verzweifelt, verlassen gehalten habe
186. mich oft krank fühlte / fühle

187. mich selbst nicht finden konnte
188. mich so oft so einsam fühle, gefühlte hatte und habe
189. mich so oft so minderwertig gefühlt hatte / fühle
190. mich unterdrückt fühlte / fühle
191. mich verloren fühlte / fühle
192. mich vernachlässigt fühlte / fühle
193. mich von mir wichtigen Personen nicht anerkannt gefühlt hatte / fühle
194. mich wie eine (Arbeits-) Maschine benommen habe
195. mich zerrissen fühlte / fühle
196. mich zerrüttet fühlte / fühle
197. mich zurückgewiesen fühlte / fühle
198. mir meine eigene Zufriedenheit nicht gegönnt hatte / habe
199. mir meine sinnvollen Unterstützungen nicht gegönnt hatte / habe
200. mir oft / ständig Sorgen machte / mache
201. nicht den richtigen Anfang fand / finde
202. nicht mitteilen konnte / kann, was ...ich (eigentlich) mitteilen will (wollte)
203. nicht perfekt gewesen bin / sein kann
204. nicht weiß, wer ich eigentlich bin

205. Stress fühle im Zusammenleben mit
206. Stress habe zu meiner geschlechtlichen Identität
207. trotzig war
208. uneinsichtig war /bin
209. unentschieden und im Zweifel war / bin
210. verängstigt war / bin
211. vermeintlich meine Eltern innerlich nie wirklich erreicht hatte
212. verzweifelt war / bin
213. wütend und zornig war / bin

(Diese Liste kann gerne erweitert werden)

Liste II Lösungssätze 1 - 184

1. beachte und achte ich die beste Reihenfolge meiner Schritte;

2. beachte und achte ich nun die Wahrnehmungen meiner Mitmenschen als den meinen gleichwertig;

3. akzeptiere ich das Leben wie es ist und nehme es mit Leichtigkeit auf;

4. akzeptiere ich die Abhängigkeit der Menschen vom ihren individuellen Bedürfnissen;

5. anerkenne ich meinen täglichen erfolgreichen Beitrag zu meiner eigenen Lebensordnung und der meiner Mitmenschen;

6. beachte ich gerne, was meine Mitmenschen brauchen und respektiere ich freiwillig ihre Wahl;

7. beachte ich meine Bedürfnisse, meine Entscheidungen, meine Erfahrungen, Fehler und Missverständnisse ab jetzt liebevoll und bewusst;

8. bedanke ich mich bei mir für jeden kleinen Teilerfolg auf meinem Weg;

9. bedanke ich mich für alles, was mir Übersicht und Gelassenheit schenkt;

10. beende ich meinen Krieg gegen Menschen mit anderer Meinung und Gesinnung;

11. beende ich meinen Krieg gegen mich selbst oder gegen einen Teil von mir;

12. befreie ich mich nun achtsam und nachdrücklich von allen Behinderungen, die mir nicht guttun;
13. beschließe ich bewusst und liebevoll, in meiner ganzen Beschlusskraft zu sein, zu bleiben und sie optimal für mich und mein Leben zu nutzen;
14. beschließe ich nun, meine Angstspirale zu verlassen und mich auf die Spirale von Lebensfreude und Zufriedenheit einzulassen;
15. beschließe ich zu 100%, auf meine innerste Stimme zu hören und das, was ich für richtig halte;
16. betrachte ich meine Leben und mein Bagua als wertvolle Hilfe, um störende Stressfaktoren zu erkennen und zu lösen;
17. betrachte ich mich als Geschenk für diese Welt, in der ich einfach nur da sein darf;
18. betrachte ich mich als schön, liebenswert und beliebt;
19. betrachte ich mich nun als eigenständigen und unabhängigen Teil einer großen Gemeinschaft, die immer in einer inneren Verbindung ist;
20. bin ich eingebettet in einen kosmischen Zusammenhang, der über mich hinausweist;
21. bin ich in einen kosmischen Zusammenhang eingebettet, der über mich hinausweist und in dem ich mich ganz natürlich verstanden und geborgen fühlen kann;
22. bin ich in meiner Mitte, ruhig und ausgeglichen;

23. bin ich offen und empfänglich für alles Gute;
24. bin ich stets und unter allen Bedingungen in der Geborgenheit meines Universums;
25. bin ich stolz auf das, was mich ausmacht, auch wenn ich noch nicht alles von mir kenne;
26. bin ich stolz auf meine Männlichkeit / Weiblichkeit / Fähigkeiten;
27. bin ich stolz darauf, dass es mich gibt, so wie ich bin;
28. bin ich Teil einer einzigen ganzen Wirklichkeit, die unverletzlich ist;
29. bin ich Teil Einer Wirklichkeit, in der nun die Trennung von mir und dem Ganzen aufgehoben ist;
30. bin ich völlig unabhängig von der Meinung anderer Leute;
31. bringe ich mein Leben durch Selbstliebe wieder in Gleichgewicht;
32. entbinde ich mich jetzt von allen Einschränkungen und moralischen Vorschriften, die meiner eigenen liebevollen Entwicklung im Wege stehen;
33. entbinde ich mich von allem Schweren, das ich für mich und andere getragen habe;
34. entbinde ich mich von allen Einschränkungen, die mir nicht guttun;
35. entbinde ich mich von allen Verpflichtungen, die mich an meinem Glück bisher gehindert haben;

36. entscheide ich mich für eine einfache und liebenswerte Ordnung in meinen Gefühlen, Gedanken, Absichten, Entscheidungen und Handlungen;

37. entscheide ich mich für meine eigene harmonische Lebensordnung;

38. entscheide ich mich nun für den geistigen Heilungsweg und nehme ich nun die Hilfe meiner guten geistigen und menschlichen Begleiter an;

39. entscheide ich mich, das Leben gerade jetzt zu genießen;

40. entschlüpfe ich auf wunderbare Weise dem Einfluss meiner Eltern und öffne mich für alles, was sie mir geschenkt haben;

41. erfahre ich den Wert meines eigenen Lebens unabhängig von gewohnten Maßstäben und den Vorgaben anderer Leute;

42. erkenne ich das für mich Angemessene und will damit zufrieden sein;

43. erkenne ich das Geschenk des Lebens, das mir meine Eltern längst geschenkt haben, als Grundlage für meinen Weg;

44. erkenne ich den inneren Zusammenhang zwischen meinem Selbstvertrauen und meinem Vertrauen zu meinen Mitmenschen und der Welt;

45. erkenne ich den Unterschied zwischen meinen Absichten und meinem Verhalten;

46. erkenne ich in allem die gute Absicht, einander weiterzuhelfen;

47. erkenne ich mein Glück und meinen Frieden als Geschenk für alle anderen;

48. erkenne ich meine Erkenntnisse und meine Antworten als gleichwertig neben allen Äußerungen anderer;

49. erkenne ich meine Herausforderungen als friedliche Chancen und Wahlmöglichkeiten;

50. erkenne ich meine Verantwortung und meinen Beitrag für die Erfüllung meiner eigenen Bedürfnisse, Ziele und Visionen;

51. erkenne ich meine Ziele und Teilziele und stehe mit gutem Gewissen zu ihnen;

52. erkenne ich nun den Unterschied zwischen Angriff und Kritik;

53. erkenne ich nun freiwillig und leicht, was für mich angemessen und erreichbar ist;

54. erkenne ich nun meine falsche Wahl der Argumente und der Emotionen und erlaube mir eine ganz neue Wahl;

55. erkenne ich nun meine innere Schönheit und nehme sie endlich an, so wie die Schöpfung sie mir geschenkt hat;

56. erkenne ich nun rechtzeitig meine Möglichkeiten und trainiere sie so gut ich kann;

57. erkenne ich, dass die für mich maßgeblichen Erlebnisse und Bewertungen ihre Grundlagen bei anderen Personen haben und nicht bei mir;

58. erkenne ich, dass meine Bedürfnisse, die Probleme und die Lösungen immer auch die Bedürfnisse, Probleme und Lösungen meiner Mitmenschen sind;

59. erkenne und anerkenne ich die Kraft der Liebe in mir selbst und nutze sie liebevoll und angemessen;

60. erkenne und anerkenne ich in mir und in anderen die Menschlichkeit und Ratlosigkeit, die uns allen zu eigen ist;

61. erkenne und anerkenne ich mich als Geschenk für diese Welt;

62. erkenne und anerkenne ich, dass ich in dieser Welt willkommen bin;

63. erkenne, anerkenne und liebe ich mich und meine Geschichte wie wir sind;

64. erkenne, anerkenne und verzeihe ich nun alle meine Missverständnisse, mir und allen meinen Mitmenschen;

65. erkläre ich mich im Einklang und in Frieden zu sein mit mir, mit meinem Gott, mit meinen Mitmenschen und der ganzen Welt;

66. erlaube ich mir jede angemessene Lösung, die mir guttut;

67. erlaube ich mir jede Frage, die mich aus meinem Konflikt herausführt;

68. erlaube ich mir jede Veränderung, die meinem inneren Kind und mir guttut;

69. erlaube ich mir jeden Tag neu, erfolgreich zu sein, mich aus gewohnten fesseln zu befreien, die mir nicht mehr dienen, konzentriere ich mich auf meine besten Stärken, verlasse ich gerne und freiwillig die Fesseln gewohnter Bewertungsmuster und öffne mich neuen Lösungen;

70. erlaube ich mir nun jede Entscheidung, die ich jetzt für angenehm und sinnvoll halte;

71. erlaube ich mir, bewusst den einen Schritt aus der Spirale der Unzufriedenheit heraus in die Spirale der Zufriedenheit hinein zu tun;

72. erlaube ich mir, ganz in meine Balance zu gelangen und heil zu werden;

73. erlöse ich mich selbst nun von dem Gefühl der Isolation, der Einsamkeit, der Ausgrenzung;

74. finde ich alles, was ich weglassen kann, um meinen Alltagsstress zu mindern;

75. finde ich in meinem neuen Rhythmus meine ersehnte Gelassenheit und Leichtigkeit, mit der alles von alleine gelingen darf und kann;

76. finde ich meine Antworten und Lösung grundsätzlich genauso gut wie die aller anderen Partner in der Schöpfung;

77. finde ich meine Gelassenheit immer und überall, wann und wo ich will;

78. finde ich meine mir angemessenen Antworten und Verantwortung;

79. finde ich mich in meinen eigenen und angemessenen Antworten wieder;

80. finde ich nun Halt und Orientierung in meinem Glauben an die Göttliche Führung;

81. finde ich nun meine eigene Art der Kreativität und Effektivität;

82. finde ich nun meine innere Ordnung, Ruhe und Gelassenheit;

83. finde ich nun meine optimale Orientierung in meiner Zeit und in meinem Raum für mein Glück;

84. finde ich nun meinen optimalen Lebens- und Arbeitsrhythmus, der mir nur guttut und mich und alle anderen beschenkt;

85. finde ich nun täglich zu meinen besten Zielen und Teilzielen;

86. finde ich nun zu meiner eigenen Art von Authentizität;

87. finde ich stets angenehme Menschen, die mit mir in meinem Rhythmus leben und arbeiten wollen und mit denen ich mich optimal verstehe;

88. finde ich zu mir nachhause;

89. füge ich mich der göttlichen Ordnung;

90. fühle ich ganz konkret die Liebe und die Unterstützung des Universums;

91. fühle ich mich in dieser Welt willkommen;
92. fühle ich mich in Einheit mit dem Universum und allem Leben;
93. fühle ich mich nun frei von allen vermeintlichen Angriffen;
94. fühle ich mich nun in Sicherheit und geliebt;
95. führe ich mich und meine Mitmenschen dorthin, wohin sie gehen wollen;
96. gebe ich meine ganze liebevolle Aufmerksamkeit gerne dorthin, wo ich einen freundlichen und lebensbejahenden Impuls erhalte;
97. gebe ich meine selbst gewählte Wahl auf und finde ohne Anstrengung und Trotz meine neue Wahlmöglichkeit und wende sie mit Leichtigkeit an;
98. gebe ich mir den Handlungsspielraum, der mir wirklich angemessen ist;
99. gebe ich mir die Ehre, von Augenblick zu Augenblick zu leben;
100. gebe ich mir selbst das Geschenk der Vergebung und ich bin frei von jeder Einschränkung;
101. gelange ich nun zu allen Kompetenzen, die für mich gut sind.
102. gestalte ich meine Kommunikation klar und eindeutig zu mir selbst und zu meinen Mitmenschen;
103. gewinne ich Verständnis für meine Ängste und meine Sorgen und lasse sie gehen;

104. gönne ich mir ab heute die Teilnahme an jeder Gemeinschaft, die mir guttut;

105. gönne ich mir das Leben in der ganzen Fülle und beschließe Frieden in mir und mit meinen Mitmenschen;

106. gönne ich mir das mir angemessene Maß an Aufmerksamkeit, Zuneigung, Respekt, Entschlusskraft, Umsetzungskraft und MUT;

107. gönne ich mir eine optimale Verbindlichkeit zu mir selbst und zu dem, was mir guttut;

108. gönne ich mir und anderen jeden Respekt, der mir guttut;

109. habe ich es verdient, am Leben Freude zu haben und will dies mit Freude und Vergnügen annehmen und genießen;

110. höre ich auf, mich und andere zu bedrohen;

111. kommuniziere ich frei von Widerständen und Trotz, von Scham und Angst;

112. lasse ich das Leben durch mich fließen und nehme den Fluss des Lebens in allen Qualitäten an;

113. lasse ich Licht aus meinem Innersten herausfließen, damit ich und alle es erkennen und genießen;

114. lasse ich mir alle Fähigkeiten und Schätze des Universums schenken, die mir guttun;

115. lebe ich nun mein Leben in der Göttlichen Selbstverständlichkeit, in Seiner Gnade, in Seiner

Ordnung und in meiner Liebe zu Ihm, zu mir und zu allen Menschen;

116. lebe ich nun zu Ehren und zu Gunsten aller Beteiligten und des Großen Ganzen;

117. lege ich nun die Bedingungen, meinen Maßstab und meine Werte fest für mein eigenes Leben in einer übergeordneten Gemeinschaft;

118. lenke ich meinen Blick und meine Entscheidungen nun geordnet auf alle Ebenen meines Lebens, vordergründige Ebenen und übergeordnete Ebenen;

119. lerne ich ohne Vorurteile zu betrachten, was andere mir anbieten;

120. lerne ich, mir und meinen Mitmenschen, meine Wertschätzung zu verschenken; liebe ich den, der ich bin und stehe auf der festen Grundlage meiner eigenen Kraft;

121. liebe ich mein inneres Kind und mich, wie wir heute sind;

122. liebe ich mich und meine Gelassenheit voll und ganz;

123. liebe und akzeptiere ich mich in meiner Geschichte, wie sie war, ist und sein wird;

124. liebe und anerkenne ich mich als eigenständigen und wertvollen Menschen;

125. liebe und anerkenne ich mich voll und ganz so wie ich bin;

126. liebe und anerkenne ich mich, so wie die Schöpfung mich annimmt, sein lässt, liebt und unterstützt.
127. löse ich mich von allem Trotz, mit dem ich mich selbst behindert habe;
128. löse ich mich von allem, was mich schwach macht;
129. mache ich grundsätzlich das, wozu ich Lust habe und ich mache es angemessen, achtsam, liebevoll, aus ganzem Herzen und fröhlich;
130. mag ich mich und meine Sexualität;
131. mische ich mich nicht mehr in die Erlebnisse meiner Eltern und Ahnen;
132. nehme ich aus den besten Gründen mein Lebensrecht in meine eigenen Hände und in meine eigene Verantwortung;
133. nehme ich das Gute in mir an und verabschiede mich gerne von allen Erwartungen;
134. nehme ich mein Bewusstsein aus der Vergangenheit und konzentriere mich gerne auf mein JETZT;
135. nehme ich meine eigene Macht in Anspruch und erschaffe liebevoll meine eigene Wirklichkeit;
136. nutze ich nun mit gutem Gewissen und mit ganzer Dankbarkeit alle Fähigkeiten und Erfahrungen, die ich von meiner Stammfamilie geschenkt bekam;
137. öffne ich mich für Freude und Liebe, die ich freizügig gebe und reichlich empfange;

138. öffne ich mich nun der Erfahrung von Stille und Befreiung;

139. schenke ich mir und meinen Mitmenschen jedes Verständnis, das mit möglich ist;

140. schenke ich nun gerne meinen Mitmenschen jene Wertschätzung, die ich mir selbst wünsche;

141. sind meine Antworten Teil meiner Selbstständigkeit und Souveränität;

142. sorge ich voll Liebe für mich selbst und gehe mit Leichtigkeit durch mein Leben;

143. trenne ich mich von allem in mir, was mich noch von meinen ersehnten Lebensgemeinschaften trennt;

144. trenne ich mich von allem Schweren und Einschränkenden, das ich aus meiner Sippe und aus einem Karma übernommen habe;

145. trenne ich nun Zusammenhänge, die ich in meinen Ängsten selbst hergestellt habe;

146. trenne ich Themen meines Alltags von meiner Persönlichkeit;

147. übernehme ich gerne und freudig die Verantwortung für mich selbst und freue mich über mich;

148. überwinde ich nun frei von Angst und Sorge alle Behinderungen und Bedrohlichkeiten meiner bisherigen Geschichte;

149. vergebe ich jedem, mir selbst und allen Menschen unsere Missverständnisse und Versäumnisse;

150. vergebe ich mir und allen anderen Wesenheiten meine alte Wut und Enttäuschung, angeblich nicht das erhalten und bekommen zu können, was ich vermeintlich gebraucht habe.

151. verlasse ich meine vermeintliche Machtposition und meine Ansprüche und achte die Balance und Harmoniebedürfnisse meiner Mitmenschen

152. verpflichte ich mich gerne und freiwillig zur Beachtung meiner Bedürfnisse, ohne andere einzuschränken;

153. vertraue ich ab jetzt mir und meiner Familie / meinen Eltern / meinen Geschwistern / Mitmenschen / Freundinnen / ArbeitskollegInnen;

154. vertraue ich darauf, dass das Leben sich auf positive Weise vor mir entfaltet;

155. vertraue ich nun der Göttlichen Ordnung;

156. verzeihe ich meinen Eltern, was immer sie mir in bester Absicht getan haben;

157. verzeihe ich mir und meinen Mitmenschen nun alle Missverständnisse und Fehler;

158. verzichte ich gerne und freiwillig auf alle Behinderungen auf dem Weg zu meinem Ziel;

159. verzichte ich gerne und freiwillig auf jeden Perfektionsanspruch;

160. wachse ich über die Begrenzungen meiner Eltern hinaus und lebe für mich selbst;

161. wandle ich mein Misstrauen gegen mich und gegen meine Mitmenschen;
162. weiß ich, dass es in dieser Welt viel Platz für mich gibt;
163. will ich meine gewohnten Reaktionen trennen von meinen sinnlichen Wahrnehmungen und Emotionen;
164. will ich nun jede unangemessene Abgrenzung und Ausgrenzung heilen und meiden;
165. will ich nun meine Heilung bedingungslos annehmen;
166. will und werde ich nun dem inneren und äußeren Lärm entrinnen;
167. will und werde ich nun endlich mein Misstrauen in angemessenes Vertrauen wandeln und mich dorthin wenden, wo mein Vertrauen gut aufgehoben ist und freudvoll wirken kann;
168. will und werde ich nun genießen und wachsen;
169. will und werde ich nun Heilung finden im vernetzten Denken;
170. will und werde ich nun hilfreiche Erinnerungen wachrufen;
171. will und werde ich nun ich alles gut handhaben, was ich erschaffe;
172. will und werde ich nun ich in Frieden mit mir selbst einen eigenen und freundlichen Weg finden;

173. will und werde ich nun ich in Ruhe und Gelassenheit in dieser Welt sein;
174. will und werde ich nun ich in Würde in dieser Welt leben;
175. will und werde ich nun ich nun meiner Liebe mir und meiner Familie ein wichtiger und wertvoller Halt sein;
176. will und werde ich nun immer achtsam auf meine wirklichen Bedürfnisse schauen, diese erkennen und zu ihnen stehen;
177. will und werde ich nun in achtsame und angemessene Berührung gelangen zu meinem Innersten;
178. will und werde ich nun in achtsame und angemessene Berührung gelangen zu meinen Mitmenschen und ihnen angemessen begegnen;
179. will und werde ich nun meine Mitmenschen rechtzeitig und angemessen um ihre Unterstützung bitten, die ich für sinnvoll und wünschenswert halte;
180. will und werde ich nun mich und mein Leben so annehmen, respektieren und lieben, wie es ist;
181. will und werde ich nun mit dem zufrieden sein, was ich aus ganzen Herzen geben kann;
182. will und werde ich nun mit mir und meinen Mitmenschen angemessen kommunizieren;
183. will und werde ich nun ohne Angst vor Berührung und Begegnung sein und leben;

184. will und werde ich nun Unabhängigkeit anstreben ohne Angst vor meinen Mitmenschen.

(Diese Liste kann gerne erweitert werden)

Management der Emotionen

Wie ärgere, sorge, freue ich mich bewusst, leidenschaftlich, zielführend - einfach richtig gut?

In meinem Stundenplan „Management der Emotionen" empfehle ich bestimmte Zeitfenster im alltäglichen Stundenplan, in denen wir bestimmte Emotionen ausleben können, in denen wir uns diesen Emotionen bewusst, mit Achtsamkeit und Muße, widmen. Dann verlieren sie ihre Macht über uns im Alltag.

Alle unsere Emotionen sind wichtig und sie müssen gelebt (transformiert) werden. Doch es ist wichtig, dass wir uns im Alltag eine Ordnung schaffen, mit denen wir uns nicht selbst und anderen schaden. Gleich, welcher Emotion Du begegnest: zücke ein kleines Notizheft, das möglichst nur diesem Zweck vorbehalten ist.
Erkläre einem Gesprächspartner, von dem du glaubst, er habe dich geärgert, mit seiner Trauer infiziert und dergleichen mehr:

„Lieber Gesprächspartner), diese (Emotion) genieße ich morgen, oder übermorgen, je nachdem wie ich Zeit finde...".

Es gelingt nicht immer, seine Wut mal eben „in den Wind zu schießen"; viel lieber würden wir das ja immer wieder gerne mal mit den angeblichen Verursachern tun, aber das ist technisch nun doch meist recht aufwändig und keineswegs sinnvoller. Das unverzügliche Notieren unserer Emotion erleichtert enorm, lässt aber die Emotion und die Gesamterfahrung nicht „sinnlos" verstreichen, denn die Emotion ist ja wichtig. Nur nicht in diesem Augenblick und nicht in unkontrollierter Wirkung.

Wenn wir uns im Augenblick unserer Wut oder Trauer etc. entschließen, diese Emotionen zu einem günstigeren Zeitpunkt und in Ruhe zu erinnern und zu durchleben, haben wir mehr davon. Mit ein wenig Training werden Emotionen und Erlebnisse voneinander getrennt. Ebenso ein Thema und die Personen, die das Thema untereinander entdeckt haben. Auch diese Trennung ist wichtig! Gönne dir die Übungen zum selbst vereinbarten Zeitpunkt in vollkommener Ruhe und Ungestörtheit, mit Ihrer ganzen Aufmerksamkeit, mit den dazu vorgefertigten Notizen und nimm dir genügend Zeit für den späten Genuss. Du wirst feststellen, dass die meisten Emotionen verschwinden. Erlebe bewusst die Befreiung, die im vorsätzlichen Ausleben der Emotion besteht, sprich das Ergebnis in tiefer Dankbarkeit für dich selbst laut aus und bedanke dich bei dir selbst für den erreichten Erfolg, die Erfahrung, den Trainingseffekt.
Dann vernichte alle zuvor gefertigte Notizen zu dem jeweiligen Thema und erkläre die Sache für beendet.

Management der Zeit

Gönne dir einen Stundenplan und trage alle deine Termin künftig so ein, dass kein Bedürfnis zu kurz kommt und die Ereignisse eines Tages nicht zu viel werden. So kannst du dich grundsätzlich ohne Hektik auf diesen einen Termin vorbereiten und ihn stressarm genießen.
Plane deine Angst bewusst und klug, gezielt zu Ort, Zeit und Gelegenheit; du kannst so Schritt für Schritt aus deiner Angst vor vielen Dingen lernen und ihre konstruktive Kraft erkennen. Bitte nicht mehr als drei wichtige Termine pro Tag, eher sogar „nur" zwei. Wenn wir jeden Tag zwei wichtige Dinge vollständig und konsequent bis zum Erfolg erledigen, sind das 60 im Monat; das ist viel, wenn es wirklich wichtige Dinge waren!

Management der Ziele

Plane kleine Schritte zu kleinen, machbaren und fröhlichen Zielen. Erfrage mit Umsicht und Achtsamkeit alle Unterstützungsmöglichkeiten durch deine Mitmenschen. Entscheide dich so konkret wie möglich für eine Vision und ein Ziel, fühle dich jeden Tag mehrmals in deine Vision und in dein Ziel hinein und lass´ dich immer wieder von jenem Glücksgefühl verzaubern, das du mit absoluter Gewissheit verspüren wirst, wenn du dein Ziel erreicht hast.

Bleib´ konsequent bei einem Ziel, für das du dich entschieden hast und erfühle dieses Ziel, als wärst du bereits dort.

Gestalte deine Handlungen im Hier und Jetzt immer mit einem Blick auf deine gute Absicht und dein Glücksgefühl.

Informiere dich immer wieder über das gleiche Ziel und

gib dir und deiner Matrix kontinuierlich den erforderlichen Schubs. Abweichungen von deinem großen Ziel aller Sehnsüchte werden mit Nichterfüllung beantwortet.

Affirmationen: *"Nun will ich mit jedem Schritt zufrieden werden auf meinem Weg zum Glück. Ohne diesen Schritt wüsste ich nicht, dass ich auf dem richtigen Weg bin. Nun schenke ich mir und meiner Entwicklung alle Bedingungen, die mich frei von Angst und glücklich machen. Ich wähle den direkten Weg zu meinem Glück und verzichte gerne auf alle Behinderungen."*

Zeit für Freude: Arbeiten mit dem Spaßfaktor

Nimm den gleichen Plan wie zum „Management der Emotionen" noch einmal unter einem etwas anderen Aspekt vor. Trage jeden Tag, vielleicht direkt im Anschluss an die Bearbeitungszeit einer früher erlebten und vielleicht weniger angenehmen Emotion, etwas ein, womit du dich belohnst. Lohn dafür, dass du diesen Tag überhaupt mitmachst, gestaltest, dich einbringst.

Manche Leute gönnen sich in dieser Zeit Yogaübungen oder eine Meditation, einen Tanz zu guter Musik oder das Genießen einer Tageszeitung, was immer du auch mit Freude und Dankbarkeit tun magst.

Am Abend, zum so genannten Feierabend eben, solltest du dir unbedingt ebenfalls eine Belohnung gönnen; einen Spaziergang vielleicht, eine Lektüre, eine bestimmte CD, eine Meditation, eine Yogaübung, ein kurzer Besuch bei jemandem, der Eintrag in die Liste der Dankbarkeiten oder in ein Tagebuch, eine Praline oder einen Bissen vom Kuchen;
Mach was du willst, nur mach es! Und nichts, was andere wollen. Belohne dich für deine Beiträge zu einem gelungenen Tag in dieser Welt, was immer du dazu beigetragen haben magst.

Trage alle planbaren und für dich wichtigen Termine und Begegnungen der kommenden Woche ein. Gib´ jedem bevorstehenden Ereignis einen Spaßfaktor: Was am besten gefällt, bekommt den höchsten Spaßfaktor: den *SF 3*; was am wenigsten gefällt, bekommt den Spaßfaktor *SF 1*.

Null im Sinne von „macht keinen Spaß", gibt es in diesem Spiel nicht, alles darf Spaß machen, manches eben mehr, anderes weniger. Aber weniger als wenig gibt´s nicht. Alles bedarf unserer Wertschätzung. Gib´ nun jedem Ereignis in deinem Stundenplan intuitiv den für Dich besten Platz. Achtung: nicht den von anderen Menschen vorgesehenen Platz!

Ignoriere einfach alle bisherige Vorgaben und Vorstellungen! Gib´ dem Ereignis mit dem *SF 1* seinen Platz in deinem Stundenplan an einem Montag. Montag ist der beste Tag dafür, alles wegzuarbeiten, was weniger Spaß macht als anderes, damit es erledigt und verschwunden ist.

Das Ereignis mit dem höchsten Spaßfaktor bekommt den vorerst letzten Platz im Kalender: Auf ihn freust du dich am längsten, dieses Ereignis wird die Belohnung für die ganze Woche und die Vorfreude beflügelt.

Beschließe Zeiten der Freude und richte sie verbindlich ein. Widme dich so oft wie möglich fröhlichen und interessanten Menschen, Themen, Orten, Musikstücken, Tänzen), Spaziergängen, Diskussionen, Filmen u. a.

Die Kunst des Fragens

Die Beschäftigung mit der richtigen Frage führt in aller Regel auch zu einer nächsten Antwort und weiteren Fragen und Hinweisen Siehe auch „Übung mit der SIG Haltetechnik" weiter oben. Diesen kann man nun auf vielerlei Weise nachgehen, muss es aber oft nicht. Oft genug stellen sich die Antworten auf die Fragen erst dann von selbst ein, wenn die richtige Frage überhaupt erst bewusst gestellt, weil gefunden, wird. Ohne Frage keine Antwort. Zu den tiefen, einfachen und tiefwirkenden „Techniken", das Unbewusste zu erreichen und wirklich „wesentliche" Veränderungen einzuleiten, zählen die Fragen, die Du für Dich spontan hast sowie die Fragen in der SIG Haltetechnik.

Seelensprache

Seelensprache ist Lautmalerei, wie sie kleinen Kindern zu eigen ist, die diese „Weltsprache" als kybernetisches Schwingungsmuster verstehen. Seelensprache ist „die" Sprache überhaupt, die über dieses Bewusstsein die ganze Anerkennung eines Wesens ausdrücken kann für ein anderes Wesen, das eine ganz einfache und absolut vertrauliche emotionale Verbindung herstellen will in einem wirklich biologischen Sprachmuster. Seelensprache kommuniziert über ein biologisches Grundverständnis außerhalb jeglicher anerzogener Denksysteme und menschlicher Vorstellungsmechanismen.

Damit gelangen wir in ein biologisches Einverständnis mit und selbst und mit einander, das über bewusstes Denken nicht erreichbar ist.

Seelensprache ist genial einfach und hoch effektiv, um sich selbst emotional aus einem Geschehen heraus zu katapultieren und den Dingen ihren biologischen Lauf zu gewähren, um die eigenen Gedanken und Absichten von einem Geschehen zu lösen, das ohne unsere Einmischung, und an etwas Denken ist bereits Einmischung, sich selbst wieder rascher in die eigene Eigenentwicklung bringen kann. Mit der Seelensprache holen wir uns aus der eigenen Verbindung zu Geschehnissen heraus, die ohne uns besser laufen.

Quantenheilung nach Kienslow

Die Quantenheilung nach Kienslow zeigt uns einen ganz einfachen und handlichen Weg, unser Bewusstsein aus den Verstrickungen und den unerwünschten Folgen einer Situation, eines Augenblickes oder einer Entwicklung heraus zu lösen.

Quantenheilung und auch die *Matrix Energetic* führen uns zu dem Ursprung zurück, an dem wir Entscheidungen in einem anderen Bewusstseinszustand „rückgängig machen können oder besser, an dem wir noch einmal eine andere Entwicklung neu beginnen können.

Alle einfachen Methoden wie auch Avatar und das Organisationsstellen führen uns letztlich immer und immer näher an unseren eigenen „Ursprung" heran, an dem wir begannen, unsere eigene Entwicklung zu erschaffen.

Nur an bzw. in dem Bewusstsein dieses ureigenen Ursprungs können wir uns in unserer ganz grundlegenden und wesentlichen Entwicklung wirklich ganz neu ausrichten, ohne an eher oberflächlichen Bereichen herumzubasteln. Letztes kann den Gesamterfolg sehr unterstützen, wenn die innerste Ausrichtung im Ursprung und das Verhalten auf „äußeren" Bewusstseinsebenen gut synchronisiert wird. Absicht und Verhalten müssen auf einander abgestimmt werden, dann klappt es.

Der Erfolg in der Methode liegt, wie so oft, in ihrer perfekten Umsetzung. Alle diese Methoden benötigen daher eine gute Begleitung beim Üben. Vieles braucht immer wieder eine gut geführte Wiederholung, bis man zu ganz eigenen längeren Wegen in der Lage ist.

Tipps auf dem Weg in die Gelassenheit

Menschliche Logik ist der jeweils gültige und amtlich beglaubigte Irrtum, sie kann aufgrund der Begrenztheit unserer Sinne nicht alle Realität erfassen. Toleranz ist gefragt; manchmal auch nur Barmherzigkeit. Immer aber Respekt. Es gilt, das angeblich Unmögliche für selbstverständlich zu erklären, damit wenigstens das Machbare geschehen = sich von alleine entfalten kann.

Um Veränderungen geschehen zu lassen, die wir uns früher kaum zu träumen gewagt hätten. Unser Ziel ist Gelassenheit, Fröhlichkeit, das sichere Gefühl der Geborgenheit in einer Gemeinschaft des freiwilligen Vertrauens. Gelassenheit bedeutet: die Dinge in die Vergangenheit abzugeben, gleich, wie sie gewesen sein mögen, ohne jede Befürchtung negativer Folgen. Einfach, weil wir gelernt haben, unser eigenes Glück zu beschließen und einzurichten. Souveränität (ein hohes Maß an Selbstregulationsfähigkeit) in Eigenverantwortung, um den eigenen Weg erkennen und jeden Schritt so gut wie möglich in der eigenen Souveränität gestalten zu können.

Erkenne und anerkenne dich in deinen tiefsten Bedürfnissen, die nie gelebt wurden. Löse alle deine Verstrickungen aus der Vergangenheit. Gehe ganz langsam, bewusst und freiwillig aus dem Gefängnis deiner kindlichen Emotionen. Rufe laut die Energie all deiner unerfüllten kindlichen Wünsche und Sehnsüchte laut herbei, all deiner Missverständnisse, verfehlten Ziele, Verletzungen - alles.

Stelle sie dir vor, fühle dich ganz tief hinein, schrei alles heraus, was dich vielleicht, angeblich, vorsätzlich daran gehindert hat, dein Glück zu leben. Lass geschehen, was von alleine geschehen will: Freude, Trauer, Wut alles ist jetzt angemessen, richtig und wichtig!

Infirmation: *"Nun erkenne, benenne und anerkenne ich die Bedürfnisse meines inneren Kindes. Nun wandle ich meine unerfüllten Träume mit allen meinen Fähigkeiten und mit der Unterstützung meiner Mitmenschen in Frieden und Lebensfreude".*

Fähigkeiten

Erstelle eine Liste Deiner Fähigkeiten und all der Menschen und Einrichtungen, die Dir bei Deinem Weg weiter helfen könnten!

Infirmation: *„Nun erkenne ich stets zum richtigen Zeitpunkt und am richtigen Ort alle meine Fähigkeiten und Unterstützungen, die mich zu meinem Glück und in meine Zufriedenheit tragen werden."*

Das eigene Leben frei entwerfen

Entwirf einen eigenen Lebensplan, in dem die Berücksichtigung dieser Merkmale absolut selbstverständlich ist!

Entwirf einen Lernplan, der alles benennt, was du für dich lernen wolltest und wofür: Liste deiner Ziele und Teilziele.

Infirmation: *„Nun erkenne ich unter allen Bedingungen, was ich lernen soll, ich gebe den Weg frei für alle Erfahrungen, die mich zufrieden und glücklich machen. Nun gönne ich mir alle Klarheit und Bereitschaft, meine Bedürfnisse und meine Fähigkeiten zu erkennen und sie angemessen und liebevoll zu nutzen."*

Zum Autor

Jahrgang 1955. Nach dem Abitur zweijährige Ausbildung zum Heilpraktiker, Sanitätsausbildung der Bundeswehr, Pflegeausbildung und -tätigkeit über ca. sieben Jahre in den meisten Bereichen der Klinischen Medizin.

Studium der Humanmedizin, Weiterbildung in Anästhesie & Intensivmedizin, Innere Medizin, Orthopädie. Erwerb der Zusatzbezeichnungen „Naturheilverfahren" und „Akupunktur".
Niederlassung in eigener Kassenpraxis mit hausärztlicher Versorgung. Akupunktur, Anthroposophie, Aura-Chirurgie, Ayurveda, Baubiologie, Bereitschafts- und Notfallmedizin, Bewusstseins- und Kommunikationstraining, Biologische Krebstherapie, Biophotonenmedizin, Bioresonanz-Methoden, Colon-Hydro-Therapie, Cranio-Sacral-Techniken, Diätetik & Fastentherapien, EFT, EMDR, Fastentherapien, Fengshui, Geomantie, Geistiges Heilen, Gesundheitsberatung, Hildegard-Medizin, Hypnose, Homöopathie, Integrale Schmerztherapie, Klassische Naturheilverfahren, Kinesiologie, Kommunikations- und Bewusstseinsforschung, Magnetfeldtherapie, Massagetechniken, Metakinesiologie, Microkinesitherapie, Neuraltherapie, NLP, Orthomolekularmedizin, Pflanzenheilkunde, Radiästhesie, Radionik, Reflexzonendiagnostik und -therapien, Schamanische Heilweisen, Stress- und Konfliktmanagement, Spagyrik, Systemische Arbeit, TCM u. a.

In seinen Büchern, Seminaren und Ausbildungen fasst der Autor sein ganzes Wissen zusammen und bietet eine ungewöhnliche und praxisnahe Synthese vieler Inhalte.
Alles zusammen mündet in die beiden Lebensprojekte „Centrum Integrale Gesundheit" und „Netzwerk Gesunde Familie".

Internetpräsenz: www.akademie-wollinger.de
(Die Website befindet sich im Aufbau)

Band 1

MANFRED WOLLINGER

Der Kolibri-Plan

Reise in eine Welt der Anerkennung und Zuwendung
Einführung - Was motiviert eigentlich Energie?

Band 1 der Kolibri-Reihe
BoD VERLAG

Band 2

MANFRED WOLLINGER

Der Kolibri-Plan

Was Menschen die Menschheit erkrankt
Emotionale Neurosen: Ängste und Wege in die Gelassenheit
Kommunikation - Gemeinsam Lernen und Lehren
Das Fiasko der TCM: Nicht erkannte unserer Herzbewusstsein

Band 2 der Kolibri-Reihe

Band 3

MANFRED WOLLINGER

Der Kolibri-Plan

Werte, Gesundheit, Stress & Ernährung
Entwicklung und die Jahreszeiten des Lebens

Band 3 der Kolibri-Reihe
BoD VERLAG

Band 4

MANFRED WOLLINGER

Der Kolibri-Plan

Integrative, Integrale & Spirituelle Medizin
& Unternehmensgestaltung
Anleitungen für eine natürliche Heilkunde
Centren Integrale Gesundheit / Netzwerk Gesunde Familie

Band 4 der Kolibri-Reihe
BoD VERLAG

Band 5

MANFRED WOLLINGER

Der Kolibri Plan

Wege aus der Angst,
Wege in die Gelassenheit - ein Wegbegleiter

Band 5 der Kolibri-Reihe
BoD VERLAG

Band 6

MANFRED WOLLINGER

Der Kolibri-Plan

Medizin im Aufbruch / Konzept einer Bewusstseins-
und Schwingungsmedizin für die Zukunft

Band 6 der Kolibri-Reihe
BoD VERLAG

DER KOLIBRI-PLAN BAND 1

Einführung / Reise in eine Welt der Anerkennung und
Zuversicht / Wie funktioniert eigentlich Biologie?

DER KOLIBRI-PLAN BAND 2

Was brauchen die Menschen wirklich? /
Emotionale Balance: Ängste und Wege in die Gelassenheit /
Kommunikation - Gemeinsam Lernen und Lehren /
Das Bagua der TCM: Schatzkiste unserer Ressourcen

DER KOLIBRI-PLAN BAND 3

Werte, Gesundheit, Stress & Ernährung /
Entwicklung und die Jahreszeiten des Lebens

DER KOLIBRI-PLAN BAND 4

Integrale Medizin / Systematik Integrale Gesundheit / Anleitungen für eine natürliche Heilkunde / Modelle für eine Integrale Gesundheitspflege / Integrale Unternehmensgestaltung

DER KOLIBRI-PLAN BAND 5

Wege aus der Angst, Wege in die Gelassenheit
- ein Wegbegleiter

DER KOLIBRI-PLAN BAND 6

Medizin im Aufbruch
Konzept einer Bewusstseins- und Schwingungsmedizin für die Zukunft (in Vorbereitung)

Der Friedensfinder

GEBETE, MEDITATIONEN UND INSPIRIERENDES AUF DEM WEG ZUM INNEREN FRIEDEN

MANFRED WOLLINGER - CLARISSA VAN AMSELN

BoD VERLAG

Der Friedensspender

GEBETE UND TEXTE ZUR HEILUNG

MANFRED WOLLINGER
CLARISSA VAN AMSELN

BoD VERLAG

DER FRIEDENSFINDER

Gebete, Meditationen und Inspirierendes
auf dem Weg zum inneren Frieden - BILDBAND -

„Der Friedensfinder" mit seinen reich illustrierten Gebeten, Aphorismen, Meditationsanleitungen und humorvollen Weisheitsgeschichten möchte eine Quelle der Inspiration sein für alle, die auf dem Weg zum inneren Frieden sind. Dieser Weg führt aus dem Entweder-Oder in ein Sowohl-als-auch, und vom Ich zum Du und ins Wir.

Egal aus welcher Kultur oder Religion wir kommen, ohne die Anbindung an Das Eine, an die Grundordnung der Schöpfung in reiner Friedfertigkeit, finden wir keinen Halt in der Welt.

So wie ein Prisma das weiße Licht in bunte Farben auffächert, schenken uns die Weisheiten aller spirituellen Traditionen vielfältige Schätze, uns an unseren wahren Ursprung zu erinnern und in den Tempel unseres eigenen Herzens einzutreten. Dein Glück beschenkt alle anderen.

Mögen alle Wesen Frieden finden!

DER FRIEDENSSPENDER

Gebete und Texte zur Heilung - BILDBAND -

Der Friedensspender folgt dem Friedensfinder.

Eine Sammlung hilfreicher Gebete, Texte und Meditationen für den Einsatz im Alltag, in jedem Beruf, an jedem Ort, in vielen Situationen, in denen Menschen Heilung wünschen und brauchen. Ein Praxisbuch für unseren Alltag, in Ergänzung des Friedensfinders. Gebete und Texte helfen auch jedem, für den sie gedacht und aus ganzem Herzen gewünscht und beschlossen sind.

Die Kraft zur eigenen Entscheidung für Heilung kommt stets aus der Hingabe an „himmlische" Kräfte. Die Taube als Zeichen von Frieden und Gesundheit kommt aus geistigen Welten, aus denen wir Menschen und alle Wesen kommen; sie zeigt uns einen Weg zurück in unsere ursprüngliche Heimat - mit allen positiven Konsequenzen für unser Hier und Jetzt. Sie kommt nicht nur zu uns, sie holt uns ab auf den Rückweg dorthin, wo wir wirklich zuhause sind.

Der Weg nachhause ist der Weg der Heilung.

MANFRED WOLLINGER

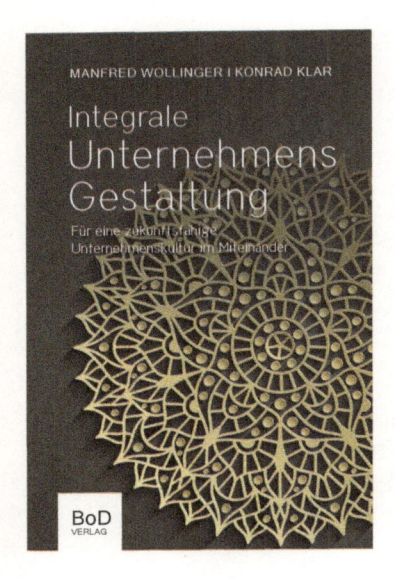

Die Reise des Kranich

Eine Erlebnisreise in die eigene Lebensvision

BoD VERLAG — Zweite Auflage

MANFRED & NICOLE WOLLINGER

Die Reise des Kranich II

Das Heiligtum Familie

BoD VERLAG

MANFRED WOLLINGER | KONRAD KLAR

Integrale Unternehmens Gestaltung

Für eine zukunftsfähige Unternehmenskultur im Miteinander

BoD VERLAG

DIE REISE DES KRANICH BAND 1 & 2

Eine Erlebnisreise in die eigene Lebensvision, mit speziellen Meditationen, Kranich-Übungen aus dem Qigong, mit Kranich-Mitteln der Homöopathie, Essenzen und besonderen Tee-Zeremonien.

Eine Einführung in eine neue Systemische Aufstellungsarbeit, welche die ersehnte Zukunft erleben lässt. Thematische Schwerpunkte der Kranich - Buchreihe sind das Überwinden dessen, was uns daran hindert, unser volles Potenzial zu entwickeln. Heilung ist möglich, wenn wir verstehen wo wir ansetzen können und welche Wege uns helfen, uns, unsere Gemeinschaften und unsere Familien zu auf einen neue Weise zu verstehen. Denn Erkenntnis ist der erste Schritt zur Besserung.

INTEGRALE UNTERNEHMENS-GESTALTUNG

Eine umfassende, systematische und spannende Anleitung, um jedes gute Projekt und ein Unternehmen in einen gesunden und nachhaltigen Erfolg nach bio-logischen Kriterien z u führen.

Werden die Bedürfnisse der Erde und aller an einem Unternehmen Beteiligten angemessen gewürdigt und, eben nach bio-logischen Kriterien, in eine universelle Erfolgsstrategie eingebunden, gelingt eine neue und zukunftsfähige Unternehmenskultur.

Mit Freude an vielen tatsächlichen Möglichkeiten jenseits gewohnter Planungen und mit Stolz auf das gemeinsam Geschaffene.